Conciencia Superior

Despierta el poder interior, expande la conciencia espiritual y eleva la vida consciente

© Copyright 2025

Todos los derechos reservados. Ninguna parte de este libro puede ser reproducida de ninguna forma sin el permiso escrito del autor. Los revisores pueden citar breves pasajes en las reseñas.

Descargo de responsabilidad: Ninguna parte de esta publicación puede ser reproducida o transmitida de ninguna forma o por ningún medio, mecánico o electrónico, incluyendo fotocopias o grabaciones, o por ningún sistema de almacenamiento y recuperación de información, o transmitida por correo electrónico sin permiso escrito del editor.

Si bien se ha hecho todo lo posible por verificar la información proporcionada en esta publicación, ni el autor ni el editor asumen responsabilidad alguna por los errores, omisiones o interpretaciones contrarias al tema aquí tratado.

Este libro es solo para fines de entretenimiento. Las opiniones expresadas son únicamente las del autor y no deben tomarse como instrucciones u órdenes de expertos. El lector es responsable de sus propias acciones.

La adhesión a todas las leyes y regulaciones aplicables, incluyendo las leyes internacionales, federales, estatales y locales que rigen la concesión de licencias profesionales, las prácticas comerciales, la publicidad y todos los demás aspectos de la realización de negocios en los EE. UU., Canadá, Reino Unido o cualquier otra jurisdicción es responsabilidad exclusiva del comprador o del lector.

Ni el autor ni el editor asumen responsabilidad alguna en nombre del comprador o lector de estos materiales. Cualquier desaire percibido de cualquier individuo u organización es puramente involuntario.

Su regalo gratuito

¡Gracias por descargar este libro! Si desea aprender más acerca de varios temas de espiritualidad, entonces únase a la comunidad de Mari Silva y obtenga el MP3 de meditación guiada para despertar su tercer ojo. Este MP3 de meditación guiada está diseñado para abrir y fortalecer el tercer ojo para que pueda experimentar un estado superior de conciencia.

https://livetolearn.lpages.co/mari-silva-third-eye-meditation-mp3-spanish/

¡O escanee el código QR!

Índice

INTRODUCCIÓN 1
CAPÍTULO 1: ¿QUÉ ES LA CONCIENCIA SUPERIOR? 3
CAPÍTULO 2: EL COSMOS CUÁNTICO 17
CAPÍTULO 3: APROVECHA TU PODER INTERIOR 30
CAPÍTULO 4: IR MÁS ALLÁ PARA AMPLIAR TU CONCIENCIA 41
CAPÍTULO 5: CONOCE A TU YO SUPERIOR 52
CAPÍTULO 6: EL TRABAJO CON LOS GUÍAS ESPIRITUALES 60
CAPÍTULO 7: LÍNEAS DE TIEMPO, VIDAS PASADAS Y CONTRATOS DE ALMA 68
CAPÍTULO 8: LA REVELACIÓN DE TU PROPÓSITO SUPERIOR 78
CAPÍTULO 9: RITUALES DIARIOS PARA UNA VIDA CONSCIENTE 90
CONCLUSIÓN 99
VEA MÁS LIBROS ESCRITOS POR MARI SILVA 101
SU REGALO GRATUITO 102
REFERENCIAS 103
FUENTES DE IMÁGENES 105

Introducción

Este libro te ayudará a establecer una conexión con la conciencia superior. Es una hoja de ruta repleta de valiosa información a la que volverás constantemente a medida que evoluciones en tu vida espiritual, porque descubrirás algo nuevo cada vez que lo leas.

Puede que lleves mucho tiempo sospechando que la vida es mucho más de lo que parece, *y estás en lo cierto*. En estas páginas encontrarás pruebas que confirman tus sospechas, y mucho más.

Con este libro, abrirás los ojos de par en par (incluido el tercer ojo) para descubrir la verdad sobre la existencia. También despertarás el poder que llevas dentro y transformarás tu vida en la que siempre has soñado.

Si eres un escéptico sobre cómo funciona la vida, los revolucionarios descubrimientos realizados en el campo de la física cuántica te convencerán. Todas tus dudas sobre la creación de la realidad quedarán completamente despejadas, y todo se encontrará en su justa perspectiva. Ya no descartarás la ley de la atracción y otras leyes del Universo como mera palabrería "woo-woo", especialmente cuando pongas en práctica lo que aprendas y veas los resultados por ti mismo.

A diferencia de otros libros, éste está escrito en un español sencillo. No te sentirás desconcertado por un lenguaje o terminología difícil de entender. Es uno de los libros más amenos sobre la conciencia y el despertar. Cada página está llena de poderosa información transformadora, escrita de una manera fácil de entender, que seguramente te hará cambiar.

Cargado con una generosa cantidad de instrucciones prácticas y métodos para ayudarte a alcanzar la iluminación espiritual, este es un libro que no puedes permitirte ignorar. Nunca te robarías deliberadamente la oportunidad de tu vida, y por eso no sólo leerás este libro, sino que aplicarás sus principios a todo lo que hagas.

¿Estás preparado para abrir las puertas de la sabiduría? ¿Crees que puedes manejar el verdadero poder? ¿Estás preparado para dejar atrás todo lo que te ha agobiado y abrazar un futuro lleno de alegría y satisfacción?

Todo lo que tienes que hacer es atravesar las puertas de la verdadera realidad, dejando atrás el mundo de las ilusiones para encontrar el poder que ha estado esperando dentro de ti todo este tiempo. Así que, tómate un momento para despedirte de tu viejo yo. Tu viaje hacia el descubrimiento de tu glorioso Yo Divino comienza con el primer capítulo.

Capítulo 1: ¿Qué es la conciencia superior?

Si te rodeas de gente que dedica su vida a practicar la espiritualidad el tiempo suficiente, oirás la frase "conciencia superior". Pero, ¿qué es? ¿Es un ser? ¿Es algo efímero? ¿Está en algún lugar ahí fuera, sobre el arco iris, o en las profundidades de tu alma? ¿Es algo que necesitas conseguir o algo que *ya tienes*? ¿Se trata de ser un genio y expresar niveles de creatividad sin parangón?

¿Qué es la conciencia superior?[1]

No importa cuántas preguntas revoloteen en tu mente, tus pensamientos serán mucho más claros al final de este libro. Este primer capítulo te introducirá en lo que es la conciencia superior. Te mostrará las diferentes maneras de alcanzar esta forma de conciencia y te explicará cómo la gente se conecta con ella, de modo que la próxima vez que oigas a tu amigo New Age o a algunos maestros espirituales decir "conciencia superior", no tengas ninguna duda de lo que quieren decir.

La conciencia y su conexión con la física cuántica

Cuando eres "consciente", estás atento. Si lo piensas, siempre eres consciente de algo. Eres consciente de que estás leyendo este libro. Eres consciente de la habitación en la que estás. Eres *consciente* de quién eres.

Así pues, una interpretación simplista de la conciencia es la conciencia de ser. Como el difunto, gran Neville Goddard dijo una vez:

«El centro mismo de la conciencia es el sentimiento de YO SOY. Puedo olvidar quién soy, dónde estoy, qué soy, pero no puedo olvidar que SOY. La conciencia de ser permanece, independientemente del grado de olvido de quién, dónde y qué soy».

Durante siglos, científicos, psicólogos, filósofos y espiritualistas han ido y venido sobre qué es la conciencia. La explicación de Neville es una de las más fáciles de entender. Si te golpeas la cabeza y pierdes la memoria, olvidando todo lo que has conocido, al menos sabrías que existes.

En esta situación imaginaria en la que lo has olvidado todo, probablemente te preguntarás: "¿Quién soy? ¿Dónde estoy?". Presta mucha atención a esas preguntas y te darás cuenta de que definitivamente sabes que lo eres. Experimentas el "Yo Soy" siendo consciente de que *lo eres.*

A lo largo de los años, muchos filósofos han dado su opinión sobre qué es la conciencia. El filósofo del siglo XVII René Descartes propuso una vez la siguiente teoría: Cogito, ergo sum, que significa "*Pienso, luego existo*". Lo que la sentencia de Descartes sugiere es que cualquiera que sea capaz de pensar tiene conciencia.

Pregúntale a un psicólogo y te dirá que la conciencia es un estado en el que eres consciente de lo que te rodea, de tus emociones, pensamientos y sentimientos. Estás a punto de percibir estas cosas y también de pensar en ellas. Es tu experiencia subjetiva de la vida tal y como la observas en tu mundo exterior e interior.

Sigmund Freud, el psicólogo que creó y desarrolló el psicoanálisis, creía que la mente consta de tres partes distintas: la consciente, la preconsciente y la inconsciente. Según Freud, tu mente consciente es todo aquello de lo que eres consciente. Tu mente preconsciente es la parte de ti con emociones y pensamientos que pueden volverse conscientes cuando haces una pausa y reflexionas. Por último, está la mente inconsciente, que contiene todos los recuerdos y deseos en los que no puedes pensar o a los que no puedes acceder conscientemente.

Si preguntas a un científico qué es la conciencia, te dirá que es un producto del cerebro. Desde una perspectiva científica, es imposible ser consciente sin un cerebro vivo y funcional en el que cada neurona haga su trabajo. Francis Crick y Christof Koch son dos brillantes neurocientíficos que afirman que las redes neuronales de ese asombroso órgano de tu cráneo son las responsables de darte la capacidad de saber que existes en el mundo que te rodea, y también de procesar tus experiencias internas. Sin embargo, los científicos aún no han descifrado el código de los mecanismos neurobiológicos que conducen a la conciencia. Sigue siendo un misterio, al menos según los científicos que no se adhieren a las ideas cuánticas ni a lo paranormal.

¿Y la física cuántica, también llamada *mecánica cuántica*? Esta forma de física se centra en la comprensión de fenómenos que sólo pueden observarse en las escalas más pequeñas. Se trata de cómo funcionan e interactúan las moléculas, los átomos y las partículas subatómicas. Si observas la vida a través de la lente cuántica, descubrirás todo tipo de cosas extrañas que no encajan con la física clásica.

Según la física clásica, cuando lanzas una pelota al aire, tiene que caer, ¿verdad? Seguramente lo habrás visto infinidad de veces. En la física cuántica, la pelota puede desaparecer, volver a aparecer, cambiar de color a una velocidad superior a la de la luz y, *probablemente,* aterrizar. Eso es porque hay más posibilidades además de que la pelota simplemente aterrice.

¿Qué relación hay entre la conciencia y la mecánica cuántica? Los expertos en este campo afirman que la conciencia es el resultado de una actividad que tiene lugar en el nivel cuántico. Existen múltiples teorías sobre la producción mecánica cuántica de la conciencia, denominadas colectivamente Teorías Cuánticas de la Mente. No has elegido este libro para aprender en detalle los entresijos de la mecánica cuántica, pero te ayudará conocer algunos de los puntos principales de este campo que están relacionados con la conciencia.

Colapso de la función de onda: En física cuántica, el universo es un océano lleno de infinitas posibilidades que suceden simultáneamente. Este concepto es la *función de onda*. En el mundo que conocemos, cuando lanzamos una moneda, sale cara o cruz. En el mundo cuántico, sale cara y cruz al mismo tiempo. Este estado se denomina superposición, pero en el momento en que miras la moneda, se produce un colapso de la función de onda que la obliga a salir cara o cruz.

Esto sugiere que tu conciencia o mente es la causa del colapso de la función de onda. Tu observación, parte de tu conciencia, hace que experimentes la vida como la experimentas. Si quieres experimentar otra cosa, tienes que desviar tu atención de la realidad actual a otra distinta de entre las infinitas posibilidades disponibles.

Mecánica cuántica del cerebro: Piensa en cada célula del cerebro como si formara parte de una orquesta. Cada neurona desempeña un papel diferente, pero trabaja junto con todas las demás para crear una hermosa pieza musical, que es, en este contexto, tu conciencia. Los físicos entienden que esta sinfonía es el resultado de procesos cuánticos.

Los expertos sugieren que los microtúbulos de las neuronas son la causa de la conciencia. Los microtúbulos de las neuronas están en una superposición, similar a la moneda que sale cara y cruz. Este es el concepto de dinámica cuántica del cerebro.

Enredo: Imagina que sostienes dos dados en una mano. Al lanzarlos, cada uno se detendrá en el número que obtenga, y ninguno está controlado ni influido por el otro. Sin embargo, en física cuántica, estos dados están entrelazados, lo que significa que no importa lo lejos que estén el uno del otro, el resultado que obtengas tras lanzar uno afectará inmediatamente al otro. Esta extraña magia cuántica se llama enredo. No es una mera teoría. Ya ha sido observada y confirmada por estos brillantes científicos cuánticos.

La conexión entre el concepto de enredo y la conciencia debería ser obvia. Cualquier cosa de la que seas consciente - cualesquiera que sean tus pensamientos y emociones - se refleja en tu realidad. Despiértate pensando que va a ser un mal día y verás cómo la vida se esfuerza por darte cosas de las que quejarte. El enredo sugiere que tu conciencia tiene una profunda conexión con la realidad tal y como la experimentas.

Conciencia superior

Si la conciencia es ver un árbol, la conciencia superior es ver el árbol, el bosque entero, y algo más. Es conciencia con esteroides. Es percibir cosas más allá de la capacidad de captación de la conciencia ordinaria. Esta forma de conciencia no consiste sólo en saber dónde estás, quién eres y cómo te sientes. Trasciende tu experiencia subjetiva de la vida y te conecta con algo más significativo o, como dirían algunos, con la conciencia divina o universal.

Cuando te conectas con la conciencia superior, te conectas con un estado de conciencia que está más allá de ti mismo. Es un estado más allá de tu ego limitado, por eso también se llama conciencia expandida. Algunos piensan que es una parte del cerebro a la que la gente tiene acceso de vez en cuando, y no por mucho tiempo cada vez. Podrías considerarlo lo opuesto a tus deseos e instintos primarios.

La mayoría de la gente vive su vida en la conciencia inferior, también conocida como ego. El ego no es algo malo porque tiene su función. Después de todo, no hay forma de vivir en este mundo moderno sin él, pero el truco está en saber que no eres tú. Es un disfraz y, como todos los disfraces, puede cambiarse. Identificarte con tu ego significa que te cierras al mundo de posibilidades que tienes a tu disposición.

La conciencia superior es percibir cosas más allá de la capacidad de captación de tu conciencia ordinaria ⁹

Tu ego es la suma de todo lo que crees que eres, tus suposiciones sobre ti mismo y los demás. Las personas más egocéntricas funcionan sólo desde el ego. Cuando entras en la conciencia superior, eres menos egoísta y más consciente de ti mismo. Tu corazón está lleno de compasión y empatía, y se siente natural ser amable. Cada decisión que tomas utilizando la conciencia superior está arraigada en el amor y no en el miedo.

¿Por qué importa la conciencia superior? ¿Para qué te sirve? Si tu desarrollo espiritual es importante para ti, entonces te serviría aprender más sobre la conciencia superior y cómo aprovecharla a diario. A primera vista, parece que no hay nada más importante que tener un trabajo, pagar el alquiler, estar al día de las noticias y las nuevas tecnologías, etc.

Alcanzar el éxito, tener un estatus elevado en la sociedad y aumentar el número de ceros en tu cuenta bancaria parecen cuestiones fundamentales en el mundo actual, pero a la mayoría de la gente se le escapa una verdad. Solo puedes alcanzar el éxito en todas sus formas si estás dispuesto a desarrollarte. El verdadero desarrollo personal empieza desde dentro. Empieza cuando tomas conciencia de tu yo espiritual.

La plenitud proviene de alimentar tu alma con todo lo que necesita para expresarse más plenamente a través de tu vida cada día. Todo en el mundo físico es el resultado de una acción espiritual. No puedes realizar suficientes acciones físicas para obtener la sensación de satisfacción que todo ser humano desea y busca instintivamente, a menos que aprendas a vivir desde la perspectiva de la conciencia superior. Haciendo esto, estás *"sintonizado, aprovechado y encendido"*, como dice Abraham, canalizado por Esther Hicks.

Si últimamente te sientes insatisfecho con la vida, podría ser porque por fin estás despertando al hecho de que hay cosas más importantes que los ascensos, las posesiones, la fama y el estatus. Es posible que estés en la cima de la pirámide, codeándote con la crème de la crème, y aun así, si tu alma está hambrienta de una conexión con la divinidad, sentirte vacío.

Algunos piensan que una vez que alcanzan la conciencia superior, nunca ocurrirá nada malo, y que a partir de ese momento habrá mares tranquilos y cielos despejados en el esquema de las cosas. Al actuar en consecuencia, empiezas a recibir ideas inspiradoras que te llevan a donde necesitas ir. Tu percepción de ti mismo es más clara a medida que te vuelves más consciente de ti mismo y de la realidad de la vida.

Este aumento de la conciencia no tiene fin. No existe un destino final en el que te "retires" del trabajo espiritual y disfrutes de los beneficios indefinidamente. Hay un flujo y reflujo, momentos en los que estás más conectado que en otros.

Es como ser un jugador de fútbol profesional. Sabes pasar, chutar y regatear. No se puede negar que eres bueno en el campo, pero eso no significa que nunca cometas errores. A veces, haces un pase, pero un rival intercepta el balón. A veces intentas una entrada deslizante, pero fallas y acabas con tarjeta amarilla.

Del mismo modo, habrá momentos en los que te olvides de permanecer conectado a tu conciencia superior. Cuando esto sucede, retrocedes a ser quien eras antes de comenzar tu viaje espiritual consciente, viviendo desde la mentalidad del miedo y la limitación. Sin embargo, no tienes que tener miedo de esto, porque cuando caes, siempre puedes volver a levantarte y seguir adelante.

Métodos para alcanzar la conciencia superior

La humanidad ha utilizado diversos métodos para alcanzar la conciencia superior durante cientos de años. Monjes, chamanes y yoguis son algunos de los que siempre han sabido dejar a un lado su ego y conectarse con la infinita inteligencia de la mente superior.

Afortunadamente, no tendrás que recluirte en algún monasterio o región remota para acceder a la realidad espiritual de la vida. Los métodos utilizados para llegar a este estado de conciencia son accesibles aquí y ahora. A continuación te presentamos algunos de ellos.

Meditación y atención plena: La meditación consiste en centrar deliberadamente la atención en una cosa. Tu punto de atención puede ser un objeto como la llama de una vela o un punto en la pared. Tal vez prefieras concentrarte en tu respiración o contar una secuencia concreta de números. Puedes mantener tu atención en un mantra, una palabra o frase breve que conlleve la energía espiritual que experimentarás cuanto más te concentres en ella. Al centrarte en una sola cosa, te convertirás en un maestro a la hora de dirigir tu atención. Con la práctica, estarás más tranquilo y estable, independientemente de lo que estés experimentando en la vida.

Otra forma de meditación es la atención plena. Esta práctica consiste en tomar conciencia de ti mismo y de cada momento. Aprendes a ser consciente de lo que tu mente está tramando, fijándote en tus pensamientos sin juzgarlos. Prestas atención a lo que experimentas por dentro y por fuera a través de tus cinco sentidos. Notas cada deseo y sentimiento que surge en tu interior, sin juzgarlo ni identificarte con él. Si siempre estás ansioso por el futuro o arrepentido por el pasado, la atención plena te resultará útil porque te sitúa en el presente.

Contemplación: Cuando te tomas tiempo para pensar profundamente y reflexionar sobre algo, lo estás contemplando. Piensa en ello como una forma de meditación, salvo que esta vez te centras en una idea, una pregunta o incluso un verso de un texto espiritual sagrado. No hay límites para los temas que puedes contemplar. Podrías reflexionar profundamente sobre la naturaleza de la realidad, cómo sería la solución a un problema, el propósito de tu vida, la persona que has sido frente a la que te gustaría llegar a ser, etc.

Contemplar no es lo mismo que pensar en el sentido habitual. No tiene nada que ver con planificar el día o preocuparse por cómo será mañana. Todo lo que haces cuando contemplas es permitir que tu mente se asiente en esa pregunta o idea en la que quieres centrarte. Confías en que lo que necesites saber mientras contemplas esa cosa florecerá en tu mente. No se trata de intentar averiguarlo por tu cuenta. En lugar de eso, mantienes la mente abierta y te das espacio para permitir que surja dentro de ti información relacionada con el tema que estás contemplando.

Ayuno: Antes que nada, si decides tomar la ruta del ayuno hacia la conciencia superior, por favor consulta primero con tu profesional de la salud para asegurarte de que no hay nada de qué preocuparte. Ya sabes lo que dicen: *más vale prevenir que curar.*

El ayuno es una práctica espiritual que existe desde hace miles de años y que todavía se practica en todo el mundo. La mayoría de la gente en la sociedad occidental se apresura a condenar a cualquiera que practique el ayuno. Parte de ese razonamiento es el resultado del capitalismo, que ha vendido a la gente ideas como "el desayuno es la comida más importante del día", ¡sólo para que cierta empresa pueda vender tantas cajas de cereales como sea posible!

El ayuno consiste en no comer durante un tiempo determinado. También puedes abstenerte de beber (sería un *ayuno seco*). El ayuno puede ser de unas horas o de semanas. El ayuno purifica el cuerpo y la mente. En este estado de pureza, te resultará más fácil acceder a la conciencia superior y adquirir perspectivas que nunca tendrías si te dieras un festín como de costumbre.

Esta práctica te ayuda a disciplinar tu cuerpo y tu mente, recordándote que tú tienes el control de estas cosas y no al revés. La claridad y la paz interior que obtienes de un ayuno te ayudan a eliminar los bloqueos espirituales o energéticos que te impiden experimentar una conciencia más elevada en tu vida. El ayuno te pone en contacto con partes sutiles de ti mismo en las que no sueles pensar.

Cantos y Mantras: Cuando cantas, repites una palabra o frase específica, y esto te lleva al estado de conciencia superior. Cantar es una antigua práctica espiritual, y el hecho de que la gente siga haciéndolo hoy en día es un testimonio de lo eficaz que es para acceder a la conciencia superior. Puedes cantar en voz alta o en silencio en tu mente. Es similar a la meditación, con la diferencia de que el punto de atención es lo que se está cantando.

Los mantras son sonidos, palabras o frases que repites mientras meditas. Puedes pensar que es lo mismo que cantar, pero hay una pequeña diferencia. El canto es más amplio, ya que consiste en hablar o cantar repetidamente. Puedes cantar una palabra, una melodía o un tono.

Por otro lado, un mantra es un tipo específico de canto. Se utiliza en el budismo, el hinduismo y algunas otras tradiciones. Estos mantras suelen ser breves y tienen un profundo efecto espiritual cuando se utilizan. Todos los mantras se cantan, pero no todos los cantos son mantras. Independientemente de lo que elijas, estas herramientas te proporcionarán la conexión divina que buscas.

Yoga: Muchos suponen que el yoga sólo consiste en posturas físicas y en mantenerse en forma. Esta práctica existe desde hace miles de años y tiene sus orígenes en la antigua India. Además de las posturas, el yoga incluye técnicas de respiración y prácticas de meditación. Yoga viene de la palabra sánscrita yuj, que significa "unir o yugo". Esta práctica espiritual pretende lograr la unidad entre tu conciencia y la conciencia superior.

En el yoga, las posturas físicas se llaman asanas. Al practicar estas posturas, preparas tu cuerpo para la meditación. Al pasar de una postura a otra, la mente se aquieta. Te encuentras en el presente, que es el mejor estado para una meditación eficaz.

Al practicar estas posturas, preparas tu cuerpo para la meditación

Las técnicas de respiración se llaman pranayama. Los yoguis siempre han creído que la conexión entre el cuerpo y la mente está en la respiración, y no se equivocan. La próxima vez que estés enfadado, respira más despacio. Hazlo larga y profundamente, y nota cómo se relaja tu mente.

Una vez que controlas tu respiración, controlas tu mente y el flujo de energía de tu cuerpo. Cuando tu cuerpo y tu mente estén en el estado perfecto para conectar con el mundo espiritual, puedes utilizar cualquiera de las técnicas del yoga, incluidas la meditación con mantras, la concentración y la atención plena. Este es otro camino hacia la conciencia superior.

Enteógenos: En las tradiciones chamánicas, las personas - generalmente los chamanes- utilizan enteógenos para conectarse con la conciencia superior. La palabra "enteógeno" procede del griego y significa "generar lo divino interior" o "generar a Dios interior". También llamados sacramentos, son sustancias que inducen un estado alterado de conciencia, lo que les permite a los chamanes o a las personas a las que guían conectarse con estados superiores de conciencia.

Para que quede claro, este libro no fomenta ni respalda el consumo de drogas. Si se trata de una experiencia que te gustaría vivir, lo mejor es que acudas con un profesional y que tu médico te confirme que es segura para ti.

Las culturas y tradiciones que utilizan enteógenos no lo hacen por diversión. Para ellos, estas sustancias son sagradas porque permiten experimentar directamente la divinidad. Estas sustancias rasgan el velo de la realidad física, permitiéndote experimentar la verdadera realidad, que es unidad, amor y luz.

Existen varios tipos de enteógenos, desde versiones sintetizadas como el LSD hasta naturales como las setas de psilocibina y el peyote. El cactus peyote ha sido utilizado con fines espirituales durante más de 2.000 años en Mesoamérica. Sigue siendo popular entre los indios huicholes de México. Estos sacramentos te dan una visión de la vida más amplia de lo que puedas imaginar.

Tienes razón al sospechar que hay cierta controversia en torno al uso de los sacramentos, ya que a algunos les preocupan los riesgos para la salud física y mental cuando se utilizan en cualquier otro contexto que no sea el tradicional o con la ayuda de guías experimentados. Por este motivo, muchas de estas sustancias están reguladas o prohibidas en la mayoría de los lugares. Independientemente del alarmismo, los enteógenos son innegables puertas de acceso a la conciencia superior.

Vida ética: Cuando eliges vivir de acuerdo con la ética y principios como la no violencia, la veracidad, la generosidad, la bondad, etc., consigues la pureza de mente que hace más fácil alcanzar la conciencia superior. Tienes un código moral y decides no actuar nunca fuera de él.

No tiene sentido meditar todos los días, a primera hora de la mañana, sólo para perjudicar a los demás siendo deshonesto y cruel o provocando deliberadamente a la gente. Hay una razón por la que muchas tradiciones espirituales animan a vivir éticamente además de otras prácticas para conectar con la divinidad.

Vivir según la ética requiere autoconciencia. La autoconciencia te hace más consciente de otros aspectos de ti mismo conectados con la Mente Superior. No es sólo que no le hagas daño a la gente, sino que aprovechas cada oportunidad que tienes para cultivar la positividad. Te preocupas por el bienestar de los demás y por el tuyo. Por eso el budismo propone los Cinco Preceptos Morales:

- Respeto a la vida
- Generosidad
- Relaciones responsables
- Comunicación sincera
- Atención plena

Cuando vives de acuerdo con esta ética, mantienes tu mente pura y reduces el ruido que ahoga la voz de tu espíritu interior. Tu conciencia se expande, ayudándote a alcanzar una conciencia más elevada. Si estás a punto de emprender una acción y no estás seguro de haber tomado la decisión correcta, piensa si esa elección se alinea con tus objetivos espirituales, y tendrás la respuesta.

Cómo la conciencia superior cambia tu vida

"Experimento la paz cada día, incluso cuando no debería.

Solía ser la persona más ansiosa que conocía. No puedo creer que una vez pensara que eso era algo de lo que estar orgulloso. Pensaba que eso significaba que pensaba en todo para que nunca me pillaran desprevenida. Con los años, esa ansiedad se convirtió en una carga tan pesada que no podía manejarla. Los ataques de pánico se convirtieron en algo normal para mí. Tenía la persistente sensación de que debía empezar a meditar, pero no tenía ni idea de cómo hacerlo. Después de hacer los deberes, empecé a meditar todos los días durante 10 minutos.

Los efectos de mi práctica diaria de la meditación empezaron sutilmente al principio. Sucedió algo en el trabajo y uno de mis compañeros señaló que les sorprendía que no me asustara como de costumbre. Después de ese día, empecé a prestarme más atención a mí misma. Me di cuenta del espacio que había entre mis desencadenantes y las reacciones que les seguían. Antes reaccionaba sin pensar. Ahora, gracias a mi conexión con la conciencia superior, soy más consciente de mis emociones. Puedo sentirlas sin dejar que me roben la paz, tanto si tengo un buen día como uno malo". -Jane

"Me enamoré de mí mismo.

Durante mucho tiempo, nunca me gusté. Por decirlo suavemente, odiaba lo que era. Hice un buen trabajo disimulándolo con una actitud segura, a veces hasta el punto de ser arrogante. Pero durante años me sentí avergonzado y culpable. Pensaba que así era la vida y que todo el mundo sentía lo mismo. Sólo tras una conversación con un amigo de confianza me di cuenta de que tenía un problema. Por muy pesada que fuera la carga que llevaba, era bueno saber que había otras formas de ser aparte de cómo había estado viviendo.

Empecé a ir a terapia, donde descubrí los traumas por los que había pasado y las creencias limitantes que tenía y que afectaban a todas las facetas de mi vida desde que era niño. Me di cuenta de que la persona que había sido todo este tiempo no era realmente quien era. Era una respuesta viva al trauma. Cuando empecé a hacer prácticas espirituales junto con mi terapia, fue cuando mi curación alcanzó nuevos niveles. Una de las experiencias más profundas para mí fue conectarme con la conciencia superior a través de la meditación y la contemplación. Tuve una increíble sesión en la que de repente me sentí abrumado por un sentimiento para el que no tenía una palabra. Si hay una palabra para 'el mayor amor de la historia', sería ésa, porque cuatro letras no describen lo que sentí aquel día.

Sentí que renacía. Me sentí despierto por primera vez en mi vida. Sentí un gran amor fluyendo por mi cuerpo, abrumando mi mente hasta el punto de hacerla inexistente y salir de mi ser. Si lo hubiera previsto, me habría tomado un momento para llorar a mi antiguo yo. El viejo Jared que me había llevado hasta ese punto había muerto ese día.

Más tarde supe que era la experiencia de la "muerte del ego". Era más que darme cuenta de que no tenía que ser la persona que siempre había sido. Más que eso, ya no podía relacionarme con mi antiguo yo. Ahora comprendo que tengo un único propósito en la vida, que es amarlo todo, a todos y, lo que es igual de importante, a mí mismo. No por nada que pueda ganar, sino porque sí". - Jared

Estos son solo dos relatos sobre cómo tu conexión con la conciencia superior puede transformar radicalmente tu vida para mejor. A continuación, encontrarás más formas en las que tu conexión con la Divinidad te afectará:

1. Tu energía se tranquiliza a medida que te liberas de la ira, la agresividad y el dolor. Esto te lleva a tener una mejor actitud ante tu vida.

2. Estarás más en contacto con tu intuición y aprenderás a seguirla sin cuestionarla.

3. Abandonarás malos hábitos y adquirirás otros nuevos y mejores. Puede que tengas nuevas aficiones o intereses y conozcas a gente nueva que encaje con tu energía. Puede que incluso cambies de profesión, prefiriendo algo más sencillo y menos exigente.

4. Reducirás tu materialismo. Esto ocurre porque reconoces que hay cosas más importantes en la vida que el dinero y las cosas.

5. Aceptarás la responsabilidad de tu vida, sabiendo que estás donde estás por ti y nada más. Ya no jugarás a echarte la culpa, ni siquiera a ti mismo. Rendir cuentas no significa culparse por las malas decisiones del pasado. Es saber que si te metiste en algo, puedes salir de ello. Es actuar.

6. Ya no esperarás que la gente y las cosas te hagan feliz porque, a medida que alcances la conciencia superior, reconocerás que la felicidad es un trabajo interno. También dejarás de definirte como un éxito o un fracaso basándote en lo que dice el mundo o en tus viejas creencias limitantes.

7. Experimentarás más milagros y eventos sincronizados. Todo en la vida es sincronicidad, pero cuando alcanzas la conciencia superior, esta sincronicidad se vuelve clara como el día. Reconocerás que estás en una danza interminable con la inteligencia infinita. Siempre lo has estado, pero no te diste cuenta hasta que despertaste.

La conciencia superior te permite hacer mucho por ti y por los demás. ¿Te sientes perdido y confuso? ¿Te gustaría recibir la orientación más fiable sobre cómo manejar una situación? ¿Hay algún problema que has estado intentando resolver y que ha resultado difícil de descifrar? ¿Necesitas curación física, emocional o mental? No importa con qué necesites ayuda, obtendrás tus respuestas una vez que conectes con una conciencia superior.

Sabrás que has alcanzado este estado alterado del ser cuando lo experimentes. No te quedará ninguna duda. Este es el mismo estado en el que entran los chamanes para trabajar en el mundo espiritual. La conciencia superior es el origen de la intuición, que es la enseñanza interior y el conocimiento que está más allá de lo que tu mente racional pueda inventar. Puedes experimentar esto en sueños lúcidos, donde estás despierto y consciente dentro de tu sueño, explorando los mundos interiores. Es lo mismo que la conciencia crística y la conciencia de Dios, un estado lleno de sabiduría, amor y comprensión. Es el Nirvana budista, donde te liberas de las ilusiones de este mundo físico.

La inmensidad del universo es incomprensible. Continúa expandiéndose hacia fuera y hacia dentro, hacia el infinito. Tú eres una parte intrincada del universo. No hay desconexión entre ustedes. Están enredados, como dicen los físicos cuánticos. Por tanto, si quieres saber más sobre ti mismo, debes aprender todo lo que puedas sobre el universo. ¿Por dónde empezar? Descúbrelo en el próximo capítulo.

Capítulo 2: El cosmos cuántico

"Como es arriba, es abajo. Como dentro, así fuera. Como el Universo, así el alma». - Hermes Trismegisto, El Kybalion

Ahora que tienes una sólida comprensión de lo que significa la conciencia superior y estás familiarizado con la mecánica cuántica, es hora de echar un vistazo al universo en sí. Hay mucho que reflexionar sobre el universo. ¿Cómo surgió exactamente? Si el Big Bang condujo a la creación del universo, ¿qué causó el Big Bang? Si algo o alguien causó el Big Bang, ¿quién o dónde está? Tienen que estar en alguna parte, lo que significaría que hay más de un universo, ¿verdad? ¿Empezó su universo también con un Big Bang? Si fue así, ¿qué o quién causó su versión del Big Bang? ¿Cuántos Big Bangs hubo? ¿Ha terminado la totalidad de la existencia de dar vueltas con el Big Bang, o sigue en ello?

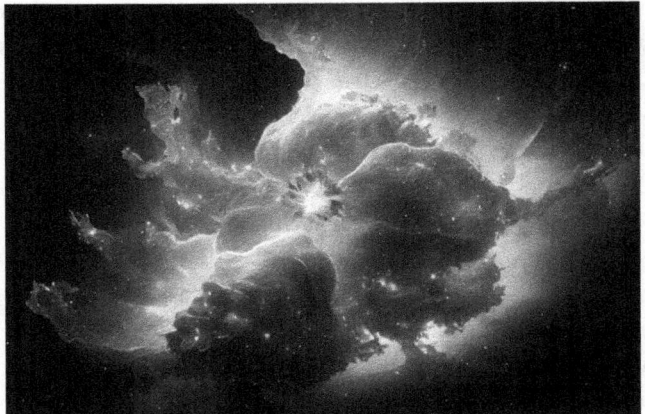

Si el Big Bang condujo a la creación del universo, ¿qué causó el Big Bang?"

Todavía hay más interrogantes que debemos plantearnos. Si el mundo sigue expandiéndose, ¿qué sentido tiene todo esto? ¿Qué papel debemos desempeñar en este vasto cosmos? Quizá pienses que Dios tiene todas las respuestas, pero eso plantea una nueva serie de preguntas. ¿Quién es Dios? ¿Dónde está Dios? ¿Quién o qué es la fuente de la existencia? ¿Qué pasa con todas las deidades de las distintas culturas, tradiciones y religiones?

Dirige tu atención al espacio exterior y encontrarás aún más preguntas latentes en tu interior. Si el tiempo transcurre de forma diferente en un agujero negro, ¿cuál es la verdadera naturaleza del tiempo? ¿Es real? ¿Qué hace que la realidad sea real?

Si vas a hacerte preguntas sobre el tiempo, también puedes cuestionarte su contrapartida, el espacio. ¿Qué es el espacio? ¿Es real? ¿Qué significa que seas un fragmento del universo? Si cada parte del universo se refleja en tu ser, ¿significa eso que eres un universo? ¿Implicaría eso que todo el espacio entre las cosas no existe? Si eres un universo, ¿ocurren Big Bangs dentro del interior de tu interior, ad nauseam?

Este capítulo te ayudará a entenderlo todo sobre tu lugar en el universo. Desarrollarás una conciencia ampliada de la vida. Es esencial que termines este capítulo antes de pasar al siguiente, ya que es la clave para desbloquear una comprensión más profunda de los temas tratados en los capítulos siguientes.

El nacimiento del Universo

¿De dónde vino el universo? Muchas teorías intentan responder a esta pregunta, pero una de las más aceptadas en todo el mundo es la teoría del Big Bang. Esta teoría dice que el universo comenzó a partir de un átomo que existía antes del tiempo mismo y luego se expandió rápidamente en un cataclismo de proporciones cósmicas. Según los teóricos del Big Bang, el universo partió de un tamaño compacto. ¿Cuán compacto, te preguntarás? La respuesta es aproximadamente la billonésima parte del tamaño de un átomo.

La energía de este átomo primordial era más densa que cualquier cosa imaginable. Su densidad era tan grande que combinó el electromagnetismo, la gravedad y las fuerzas nucleares fuerte y débil, creando una sola. Con el tiempo, al enfriarse la materia tras el estallido, se formaron más partículas. Pasó más tiempo, y estas partículas se convirtieron en las estrellas y galaxias que conoces.

No puedes hablar del universo sin hablar de la materia y la energía oscuras. Estas dos cosas siguen siendo un misterio, pero no hay duda de que son responsables de la creación del cosmos. La materia oscura es un tipo diferente de materia. Nunca interactúa con la luz, lo que significa que no hay forma de verla. La única razón por la que se sabe que existe es por los efectos gravitatorios que tiene sobre las galaxias y los cúmulos de galaxias. Es como el pegamento Gorila a nivel cósmico, ya que esta materia oscura mantiene todas las galaxias juntas donde tienen que estar.

El Big Bang dejó tras de sí una sopa de partículas que siguen expandiéndose y enfriándose, todo gracias a la materia oscura.

Por otro lado, está *la energía oscura*. Este tipo concreto de energía se encuentra presente en todo el espacio y es la razón por la que el universo continúa expandiéndose a mayor velocidad. Lo intrigante de la energía y la materia oscuras es que constituyen el 95% del universo. El 5% restante es la materia normal que vemos todos los días. Eso debería hacer que te preguntes qué pasa con el otro 95%.

Hace al menos cinco mil millones de años, el ritmo de aceleración de la expansión del universo se aceleró. Tras muchas investigaciones, los científicos han llegado a la conclusión de que la causa de esta aceleración debe ser la energía oscura. Aunque todavía no saben cuál es la verdadera naturaleza de la energía oscura, sus efectos son innegables. Es una fuerza que aumenta el espacio entre las galaxias, lo que conduce a la expansión final del universo.

Existe un delicado equilibrio entre la materia oscura y la energía oscura. La materia oscura ayuda a mantener las cosas unidas gracias a la gravedad, mientras que la energía oscura las separa, lo que provoca la expansión del universo. Se podría decir que estos dos fenómenos son los artífices de la historia y el futuro del universo. Los científicos creen que cuanto más comprendan estas misteriosas fuerzas gemelas, mejor podrán saber hacia dónde se dirige el universo y cómo prepararse para ese destino.

¿Múltiples universos?

La teoría del multiverso sugiere que hay muchos otros universos además de éste. Es algo fenomenal sobre lo cual reflexionar, porque el universo en el que nos encontramos ya es inmenso. Está lleno de cientos de miles de millones de galaxias. ¿Cuántas estrellas hay en tu universo? Son incontables. Es aún más alucinante saber que las estrellas y galaxias existen a lo largo de decenas de miles de millones de años luz. En otras palabras, toma 9,4607, multiplícalo por 10 a la potencia de 12, y obtendrás casi 6.000.000 millones de millas.

Ahora multiplica esa cifra por decenas de miles de millones, y es inmediatamente evidente que un solo universo es mucho. Así que pensar que puede haber otros universos además de éste es asombroso y aterrador al mismo tiempo. Puede que haya muchas versiones de ti haciendo exactamente lo que estás haciendo, y muchas más siendo versiones de ti mismo que nunca podrías imaginar, haciendo cosas que nunca se te han pasado por la cabeza.

La teoría de los multiversos también sugiere que cada uno de estos universos podría tener leyes físicas completamente diferentes. También podría haber otras formas de vida con las que no estás familiarizado. Como tu cuerpo es un universo de células individuales, la vida podría ser un conjunto de universos, un multiverso. Se trata de una teoría que se debate en la filosofía y la física.

Una de las representaciones más destacadas del multiverso tiene su origen en la teoría de la inflación. Según esta teoría, se produjo un acontecimiento cuando el universo estaba en su infancia, el periodo más breve desde que empezó a existir. En este lapso infinitesimal de tiempo, el universo comenzó su rápida expansión, o inflación, hasta hacerse incomprensiblemente mayor que su tamaño antes de la inflación.

Los expertos afirman que el universo en el que te encuentras detuvo su inflación hace 14.000 millones de años, pero lo fascinante es que el hecho de que la inflación haya terminado con este universo no significa que haya terminado en todos los demás. Así que, ahora mismo, múltiples universos siguen experimentando inflación. Este universo es simplemente uno de los muchos universos que se pellizcan a partir de otros mucho mayores aún en proceso de expansión. El proceso es eterno, creando más y más universos singulares.

La teoría de que la vida se infla eternamente significa que cada universo debe tener sus leyes y sus partículas. Cada uno tiene fuerzas que respeta. Las constantes de cada universo también son diferentes de las de aquí en la Tierra, y por eso es casi imposible explicar la materia oscura con la física clásica normal.

¿Tiene alguna validez la idea de que existe un multiverso? Si lo piensas, es el hecho de que haya vida. Este universo ha sido especialmente orquestado para permitir que existan formas de vida inteligentes que puedan observar el cosmos. Parece como si alguna fuerza inteligente hubiera dispuesto las cosas deliberadamente para sustentar la vida.

Piensa en lo abundante que es el carbono. Piensa en la importancia de la luz para la fotosíntesis, que permite a las plantas crecer y sustentar a todos los demás seres vivos. ¿Qué tan conveniente es que una gran bola de luz esté en el cielo, ayudando a las plantas a crecer y prosperar? Todas estas cosas juntas no pueden ser una coincidencia. La existencia de la vida, tal y como la conocemos, sugiere la existencia de una inteligencia responsable de su creación.

Ciertas versiones de la teoría del multiverso sugieren que cada decisión que tomas provoca la creación de un nuevo universo. De ahí surge el concepto de realidades paralelas. ¿Empiezas a darte cuenta de lo amplia e intrincada que es la vida?

El papel de tu alma en el vasto cosmos

Si toda la vida continúa expandiéndose y hay muchas versiones de ti, la pregunta que hay que hacerse es: ¿cuál es tu propósito en la vida? ¿Qué papel se supone que debe desempeñar tu alma en este cosmos? Parecería que todo aquello carece de sentido si intentamos responder a esas preguntas a través de la lente del limitado paradigma humano, que asume que las cosas adquieren más valor si son escasas y viceversa. Desde luego, ésa es una forma de verlo.

Piensa en el hecho de que el todo es la suma de sus partes. Tú formas parte del universo, lo que significa que tienes un papel que desempeñar. Eres intrínsecamente relevante y de gran valor. Sin ti, el mundo no sería como es. Tu perspectiva y tu capacidad de observar el mundo forman parte intrínseca de la existencia de la vida. Lo finito y lo infinito pueden parecer separados, pero son uno.

Imagina que eres una gota del océano. Al principio, puedes pensar que eres irrelevante en comparación con esta enorme masa de agua. Desde tu limitada perspectiva, está claro por qué pensarías así. Ahora imagina que todas las demás gotas del océano piensan igual que tú. Cada una decide seguir su propio camino. ¿Qué quedaría del océano? Nada.

Al ser tú mismo, estás cumpliendo el único propósito de tu alma [5]

Tu alma tiene un papel que desempeñar. Esta verdad resuena en diversas culturas, tradiciones y creencias, demostrando lo esencial que eres para la vida. La luz de la creación brilla a través de tu estado de ser único, tus experiencias y las interpretaciones de dichas experiencias. Expresas el poder de la divinidad, ya sea que la veas como el omnisciente Dios abrahámico, el impersonal Brahman hinduista o aquello que conecta a uno y a todos como en el taoísmo. Independientemente de las etiquetas que utilices para expresar esta esencia divina, la cuestión es que existe, y simplemente siendo tú mismo aquí y ahora, estás llevando a cabo el único propósito de tu alma: reflejar y expresar la Fuente de toda vida.

Puede que la idea de múltiples universos no exista en todas las tradiciones espirituales, pero la reencarnación es un interesante paralelismo. La reencarnación consiste en que una conciencia o alma explora diferentes vidas en el mismo universo. Dado que la teoría del multiverso sugiere que hay más de un universo, tu alma puede experimentarse a sí misma en más de una realidad, afrontando retos únicos y objetivos diferentes en cada una de ellas. Eres una parte del todo, haciendo tu parte para la evolución de la conciencia.

Esta idea es sinónima de las creencias mantenidas en la tradición, similares al sufismo. Contienes la perfección de la fuente divina de todas las cosas, y tu vida misma es el proceso de revelación de esta perfección. Es la misma idea que la naturaleza de Buda, donde el objetivo es iluminarse, o en la comprensión hindú del Ser Verdadero, también llamado el Atman. Antes de la creación, todas las cosas eran una sola cosa. Para que esta única cosa se conociera plenamente a sí misma, tuvo que crear otra. Como resultado, la cosa única se ha convertido en lo que es y en lo que no es, que también forma parte de lo que es.

En pocas palabras, tú eres la Fuente de toda la vida, que se comprende a sí misma a través de tu perspectiva y experiencia de sí misma como "no-Fuente". ¿Cómo sabes lo que es el agua fría si nunca has tocado el agua caliente? ¿Cómo conoces el Norte si no existe el Sur? ¿Cómo sabes quién eres sin saber también quién no eres? Por lo tanto, el propósito último de tu alma es la gran revelación del Creador.

Si siempre te has preguntado dónde encajan Dios, las deidades y otros seres en el rompecabezas en constante expansión de la existencia, la respuesta ya debe haberte resultado evidente. Hay muchos nombres para describir esta fuerza única que creó y sigue creando todas las cosas. Muchas historias intentan captar la esencia de esta misma cosa, que es menos una cosa y más un ser capaz de encarnar la inteligencia infinita y toda la existencia. Independientemente de la religión o la tradición, todas intentan captar lo mismo: la historia del Creador del universo, aún en proceso de creación.

Como hay un Dios omnisciente, hay otros seres que son emanaciones de Dios, "menos que" el Creador en el sentido de que ellos también han sido creados. En la Cábala, se llaman las Sefirot, emanaciones de Ein Sof, el infinito Dios Incognoscible. Estas emanaciones son los diferentes aspectos de la divinidad responsables de guiar a la humanidad hacia la iluminación final.

Piensa en ellas como en los ángeles, guías y otros seres de los que se dice que guían la evolución espiritual de la humanidad y la ayudan a navegar por el laberinto de la vida en la Tierra con creciente gracia y sabiduría. Sea cual sea el nombre que le des, existe una Fuente única de la que surgen todas las deidades y otros seres divinos menores.

En todas las tradiciones espirituales, encontrarás guías, maestros y deidades que desempeñan papeles fundamentales y que ayudan al alma humana en su viaje hacia la iluminación, que es la unión con la Fuente de toda vida. Estos seres tienen suficiente experiencia, habiendo viajado mucho más lejos a lo largo de su evolución. Desde su estado evolucionado, se acercan a los viajeros que vienen detrás de ellos. Están aquí para decirles, como en el libro de Isaías, capítulo 30, versículo 21: "...*Este es el camino, andad por él...*".

Deidades, guías, maestros ascendidos, ángeles y otras entidades similares comparten el conocimiento que adquirieron en sus respectivos viajes, cuando estaban donde la humanidad se encuentra actualmente. Estos seres guían benévolamente a todo el mundo de vuelta a su verdadero yo. Han encarnado la conciencia superior en formas que la humanidad aún no ha alcanzado, por lo que su guía es un regalo útil.

En cuanto a la Fuente de la que proceden (y de la que procedes tú), carece de personalidad, no porque sea aburrida, sino porque ella misma contiene todas las personalidades al ser el espacio y el poder que hay detrás de la creación y evolución de las galaxias y de las formas de vida que cada una lleva consigo. Tanto si se trata de la idea de un creador como de deidades y otros seres, debes preguntarte por el efecto observador y sus implicaciones.

Según este principio de la física cuántica, al observar algo afecta a su comportamiento. Esto nos lleva a preguntarnos si la humanidad influye de algún modo en la existencia de estas deidades y seres. ¿La gente simplemente interpreta la energía sin forma y la conciencia a través de la lente de estas creencias tradicionales y espirituales, creando experiencias reales de estos seres y sus habilidades?

¿Las personas que se encuentran y conectan con estos seres, ya sea en la vida real, en sueños o en visiones, simplemente los invocan a través del poder de sus creencias? Además, cuando hay un número más que suficiente de personas que creen en lo mismo, eso debería bastar para crear todo un universo de seres espirituales, ¿no? Si el efecto observador es cierto -y lo es-, ¿significa eso que tú también eres un creador? No hay respuestas correctas o incorrectas. Simplemente, es interesante reflexionar sobre estas cuestiones.

Si has estudiado espiritismo, sabes que debe haber un mundo espiritual. Este mundo existe más allá de lo físico. Es un mundo donde cosas que considerarías imposibles son posibles. En este espacio, cabe esperar ver espíritus ancestrales, guías y otros seres sobre los que quizá nunca hayas leído, oído o pensado. La gente se conecta con estos seres por su cuenta o con la ayuda de auténticos psíquicos y médiums. Tú también has recibido mensajes del mundo espiritual si has notado la sincronicidad, esas coincidencias significativas que te obligan a hacer una pausa y estar aquí, ahora.

Con esta nueva perspectiva, tu interacción y conexión con tu Dios u otra deidad debería evolucionar. Ahora entiendes que no estabas destinado a cumplir la misión de tu alma en una burbuja. Existe todo un equipo que estaría encantado de ayudarte, al menos según el espiritismo y las creencias religiosas. Aunque te consideres ateo, es bueno saber que existe una fuerza neutra infinita a la que puedes recurrir para alcanzar tus objetivos. Lo llames fuerza de voluntad, concentración, determinación o atención, todo es la misma energía. Es una conciencia superior.

Tiempo, realidad, fractales

Cuando piensas en el tiempo, lo más probable es que lo consideres lineal. Piensa en el pasado, el presente y el futuro. La física cuántica no ve el tiempo de esa manera. En su lugar, el tiempo está interconectado. El pasado, el presente y el futuro no fluyen secuencialmente.

Si cierras los ojos e intentas reproducir los acontecimientos de ayer a las 16:00, estarías en ese momento ahora mismo. Si imaginas un futuro posible para mañana a las 17:00, estarías en una de las muchas realidades paralelas en las que eso es exactamente lo que ha ocurrido ahora mismo. Todo es aquí y ahora. No hay ni antes ni después. Sólo lo percibes así debido a la física de este mundo. A nivel cuántico, todo está ocurriendo ahora mismo.

Incluso las tradiciones espirituales tienen cosas interesantes que decir al respecto. Tu pasado, presente y futuro existen, tanto si los percibes ahora mismo como si no. Esta idea del tiempo es el principio en el que se basan los métodos de manifestación, como el uso de la imaginación para retroceder en el tiempo y cambiar lo sucedido de modo que coincida con el presente o el futuro que te gustaría experimentar.

¿Qué hace que la realidad sea real? De todo lo que ahora sabes, puedes deducir que existe una realidad última. También puedes deducir que existen formas subjetivas de realidad. Hay tantas realidades como personas. Incluso si hay alguien en la habitación contigo en este momento, ambos están experimentando dos versiones completamente diferentes de la realidad.

Esto se complica aún más si consideras lo que ocurre en tu mundo interior frente al suyo. Mientras tú estás sentado delante de un ordenador portátil tratando de encontrar las próximas palabras que escribir en un capítulo de tu gran novela, ellos pueden estar de vacaciones en algún lugar de las Islas Caimán, tomando un Mai Tai en su imaginación.

Algunos sugieren que cualquier realidad que no pueda ser observada por personas distintas de uno mismo no es real. Es una forma bastante reduccionista de concebir la realidad. Si quisiéramos seguir su argumento, ¿qué dirían de las personas que experimentan visiones y sueños compartidos? Algunos tienen una definición más generosa de la realidad, afirmando que si no puedes percibirla, no es real. Esta definición elimina la necesidad de que haya otros observadores en la sala.

Sin embargo, si esto fuera cierto, ¿qué pasaría, por ejemplo, con todas esas veces que te has quedado atrapado en un sueño de ansiedad? Cuando estás en medio de un sueño, el mundo que te rodea parece real, pero cuando despiertas, ya no tienes acceso a ese mundo. No puedes percibirlo a menos que vuelvas a la cama y lo retomes donde lo dejaste en ese sueño.

Así que, según los defensores de la segunda definición de realidad, tu mundo onírico pasó de ser real a irreal, y eso no es lógico.

La realidad tiene muchas capas. Está el mundo físico que captas con tus cinco sentidos, pero ése es sólo uno de los muchos reinos. El mundo físico es el producto de una realidad mucho más profunda hecha de conciencia pura. Es la fuente de todas las cosas y seres, así como de los acontecimientos que han sucedido, están sucediendo y sucederán. Esto resuena con el concepto espiritual de los registros Akáshicos, un almacén espiritual de todas las experiencias y tipos de conocimiento en existencias conocidas y desconocidas.

Las cosas se ponen aún más interesantes cuando consideras el lado de la física cuántica de las cosas, donde el efecto observador sugiere que la realidad es flexible. Si puedes moldearla para que se ajuste a tus preferencias y expectativas, del mismo modo que controlas lo que ocurre en un sueño lúcido, la cuestión es la siguiente: *¿Estás despierto, estás soñando, o todo es lo mismo y no importa?*

Se dice que cada persona es un fractal del universo. Un fractal es un patrón que se repite tanto en el conjunto de una cosa como en sus partes. Piensa, por ejemplo, en la secuencia de Fibonacci, que aparece en todo tipo de objetos, desde flores hasta edificios. Tu alma es un fractal de la fuente de todas las cosas.

El hecho de que todo en la vida sea fractal es lo que te permite encontrar analogías en la naturaleza para explicar tus experiencias vitales. Por eso, si desmenuzas los diferentes sistemas hasta su núcleo, ya sean religiosos, financieros, políticos, industriales o de otro tipo, podrás encontrar patrones similares que se repiten en términos de cómo funcionan estos sistemas y cómo se comportan aquellos que operan dentro de ellos.

Este sentimiento de ser un fractal del universo demuestra que no hay separación entre tú y todo lo demás en la vida. La red de la divinidad nos conecta a todos, seamos conscientes de ello o no. Esto no quiere decir que tus perspectivas y experiencias individuales no sean relevantes, sino que formas parte de un todo más grande.

Este capítulo tiene un propósito: abrir tu mente de par en par con respecto a estos conceptos y tener una sola perspectiva del tiempo, la que tú percibes. Como resultado, es casi imposible acceder a la conciencia superior y cambiar tu vida radicalmente. Te han enseñado que la realidad es fija y continúa implacablemente a través del tiempo, a menos y hasta que alguien con una gran visión cambie las cosas. Con este capítulo, ahora sabes a qué se refería Louise Hay con su cita: "*El punto de poder está en el presente*". No tienes que conformarte con las cosas cuando puedes hacerlas como las prefieras.

También te han enseñado a verte a ti mismo como algo separado de los demás. Una vez que cuestiones esta idea que te han transmitido durante toda tu vida, te darás cuenta de que parte de los bloqueos que experimentas en tus intentos de crear la vida que prefieres es esta idea de estar separado de todo y de todos los demás. Esta creencia es un muro que te aleja de lo que deberías recibir.

Piénsalo así. Si eres tú mismo y la persona que tiene algo que necesitas, ¿por qué no te darías lo que buscas? Ya lo tienes. Saber que eres uno y el mismo que otros que parecen diferentes es una de las claves para recibir tus deseos en el mundo físico. En el momento en que seas consciente de la verdad de que tú eres todo el mundo y, como dijo Neville Goddard, "*todo el mundo eres tú exteriorizado*", experimentarás milagros como nunca antes.

Ejercicio de visualización - Conectar con la energía del Universo

No te dejes intimidar por la palabra "visualización". Es lo mismo que imaginación. El siguiente es un ejercicio que te ayudará a ponerte en contacto con el sentimiento de conexión entre tú y el universo. Aprovecharás al máximo este ejercicio de visualización si lo haces en un lugar libre de distracciones.

Si vives con otras personas, pídeles que te permitan estar al menos 10 o 15 minutos sin interrupciones. Si llevas contigo algún dispositivo, es mejor que lo dejes fuera del espacio o lo apagues para no distraerte con notificaciones, alarmas o llamadas telefónicas. Asegúrate de llevar ropa cómoda que te permita respirar y moverte con libertad, y comprueba la temperatura de la habitación para que no sea incómoda.

1. Siéntate o acuéstate en una posición cómoda. Cierra los ojos.
2. Presta atención a tu respiración. Observa las inhalaciones y las exhalaciones. Con el tiempo, cada una de ellas se hará más profunda y larga. Cuando sientas una sensación de presencia o quietud en tu interior, estarás listo para el siguiente paso.
3. Imagina que estás flotando suavemente sobre lo que sea que estés descansando. Siente cómo sería que la gravedad te liberara mientras flotas cada vez más alto.
4. Imagínate flotando a través de tu techo hacia el cielo. Observa las nubes pasar a tu lado mientras subes más y más.
5. Ahora estás en el espacio, con un fondo oscuro y muchas estrellas centelleantes hasta donde alcanzan tus ojos imaginarios. Siente cómo el asombro invade tu corazón y tu alma al darte cuenta de que estás contemplando el universo.
6. Ahora, mira todo tu cuerpo, desde el pecho hasta los pies. Nota que tu cuerpo emite un suave resplandor que poco a poco va brillando con más intensidad. Siente cómo tu cuerpo, tu corazón y tu alma se funden con esta luz. Piensa que ahora tú también eres una estrella.
7. En tu forma de estrella, imagina que puedes ver hilos brillantes de energía en forma de luz, que te conectan con todas las estrellas y planetas que te rodean, así como con todas las formas de vida del universo.

8. Nota que la energía fluye de un lado a otro entre tú y todo lo demás. Estás conectado a todo ello.
9. Siente cómo se disuelve tu ego a medida que pierdes tu sentido del yo y te conviertes en uno con todo. Siente el poder, la paz, la conexión y la totalidad que te impregnan hasta el punto de convertirte en el todo.
10. Permanece en este estado todo el tiempo que desees o hasta que el temporizador te avise.
11. Cuando estés listo para volver, respira suave y conscientemente unas cuantas veces. Mueve los dedos de los pies y de las manos para volver a ser consciente de tu cuerpo. A continuación, después de contar lentamente de cinco a uno, abre los ojos.

Acabas de sentir el poder en bruto de la conexión que tienes con el Universo o, si lo prefieres, con la Fuente de la vida. Haz este ejercicio cada día y observa cómo tu mente y tu vida se transforman radicalmente para mejor.

Ahora que ya conoces la verdadera naturaleza de la realidad y del tiempo, cómo surgió el Universo, cuál es la misión de tu alma y qué tienen que ver Dios y los demás seres divinos en todo esto, es hora de que conozcas el vasto tesoro que llevas dentro en el siguiente capítulo.

Capítulo 3: Aprovecha tu poder interior

"Conocer a los demás es inteligencia; conocerte a ti mismo es verdadera sabiduría. Dominar a los demás es fuerza; dominarte a ti mismo es el verdadero poder". - Lao Tzu, Tao Te Ching

Durante mucho tiempo, la humanidad se ha preocupado por descubrir lo que hay en las profundidades del océano o en la inmensidad del espacio. Hay otro lugar importante que debe explorarse con la mayor profundidad posible, pero que a menudo se descuida. Este lugar es el vasto mundo que hay dentro de ti. Así que, en este capítulo, harás una inmersión profunda en tu interior y explorarás lugares que no sabías que existían.

"Conocerte a ti mismo es la verdadera sabiduría."

¿De qué sirve ser un sabelotodo si lo sabes todo menos quién eres? ¿De qué sirve reunir toda esa información para luego desperdiciarla porque no la utilizas? Este capítulo será muy práctico, así que si quieres aprovecharlo al máximo, deja a un lado lo que estés haciendo y dedícale toda tu atención. De lo contrario, tal vez quieras elegir otro momento en el que puedas dedicarle toda tu atención y poner en práctica lo que aprenderás aquí.

¿Por qué debes "conocerte a ti mismo"?

¿Por qué deberías dedicar tiempo a conocerte a ti mismo? Si la historia de tu vida es sentirte perdido, confuso, desamparado y sin esperanza, conocer el poder que llevas dentro es el primer paso para liberarte de una vida llena de experiencias que no te llenan.

No hay una sola persona en el planeta que no sienta la llamada a explorarse a sí misma. Todo el mundo tiene una comprensión instintiva latente de que el verdadero poder reside en el interior, pero esto aterroriza a tantos que prefieren buscar sustitutos en lugar de lo real.

Así que observan cómo se comportan otras personas que encarnan su poder interior e intentan copiarlo. En lugar de adoptar ese estado, lo imitan. Algunos intentan compensar su falta de conciencia de este poder y de cómo ejercerlo persiguiendo el poder, el dinero y los placeres sensuales. Tarde o temprano, se dan cuenta de que esas cosas palidecen en comparación con los tesoros que llevan dentro. Si te sientes identificado con esto, alégrate de haber llegado a este libro, a este capítulo y a este preciso momento.

No puedes resolver los complejos problemas de la vida imitando a los demás sin la energía que alimenta su comportamiento y les da sus resultados. Tampoco encontrarás ninguna satisfacción en la búsqueda de validación externa. El verdadero poder proviene de un lugar de autenticidad, y no puedes ser auténtico si no sabes quién eres o para qué estás aquí.

Tienes que mirar deliberadamente en tu interior para conocer lo bello, lo feo y los puntos intermedios, aceptándolos como la perfección de tu ser. El conocimiento que tengas de ti mismo será tu brújula, guiándote hacia tu Verdadero Norte, hacia una vida plena que deje un impacto para mejor.

Si eliges imitar a los demás, procedes de un lugar de inautenticidad. Estás admitiendo que no tienes el poder dentro de ti. Te sentirás desconectado de tu vida y tendrás una profunda sensación de vacío que no te dejará escapar. Copiar a los demás significa ponerte máscaras, maquillaje y disfraces, que pueden resultar muy pesados y poco ajustados.

No te encarnaste en esta existencia para ser una réplica de otra persona en términos de autoexpresión y creatividad. Cada persona es un individuo. Debes encontrar lo que te hace verdaderamente tú y luego expresarlo. Si prefieres ser un imitador profesional, no sólo cedes tu poder a los demás, sino que también limitas tu potencial. Eso no es lo que quieres.

El verdadero poder procede de la autenticidad [7]

Quieres la claridad que da el conocimiento de tu poder interior. Cuando sabes cuáles son tus valores y dónde están tus pasiones, estas cosas son un faro que te llama hacia el siguiente paso de tu iluminación. Avanzas hacia tus sueños y objetivos con confianza porque sabes que llevas ese poder dentro. Tu autenticidad es innegable y atractiva para los que son como tú.

Los principios cuánticos y la toma de conciencia de ti mismo

Todas las cosas del mundo están interconectadas y tú formas parte de ellas. ¿Creerías que un grano de arena en tu mano contiene todo el plano de la existencia? Pues, por ilógico que parezca, lo tiene, y tú también. Como ya has aprendido, en el mundo cuántico las partículas existen en múltiples estados simultáneamente. Se afectan unas a otras independientemente de su distancia, y también se ven afectadas por un observador cuya presencia provoca un cambio en sus estados por el colapso de la función de onda.

A primera vista, puede parecer que nada de esto tiene que ver con tu viaje personal o con ser más consciente de ti mismo, pero no es así. Piensa en la superposición y en el infinito mar de posibilidades que tienes a tu disposición. Al igual que una partícula existe en más de un estado al mismo tiempo, tú también estás lleno de una miríada de posibilidades en tu interior.

Tienes a tu disposición una infinidad de opciones, cada una de las cuales es tuya. Por lo tanto, la clave para expresar una versión específica de ti mismo es dirigir tu atención hacia ella. Como observador de esta versión diferente de tu vida, provocas un colapso de la función de onda que te permite superar tus creencias limitantes sobre lo que es posible para ti y expresarte como este ser nuevo y más expansivo.

¿Qué hay del enredo cuántico y lo que dice de que todo está interconectado, por muy lejos que esté? Es una excelente metáfora de la conexión que compartes con el mundo que te rodea y con las personas que lo habitan. Reconoce que tú y todos los demás forman parte de un colectivo o un cuerpo. Si te cortas un dedo del pie con una piedra afilada, necesita curarse. ¿No vendarías la herida para curarla? ¿Dirías: "Mi dedo no soy yo, así que no es asunto mío"? Por supuesto que no.

Si tienes una necesidad o algo que quieres manifestar, y confías en otras personas para que tomen decisiones que te traerán los resultados deseados, esto es lo que tienes que entender: tú y esas personas están interconectados. Cuando confías en que ellos, como extensiones de ti mismo, satisfarán tu necesidad, ya está hecho. Aunque te cueste creerlo, tus interacciones con los demás reflejarán tus expectativas. Satisfarán tus necesidades o confirmarán tus dudas al no satisfacerlas. En esencia, recibes lo que observas y supones que es cierto sobre los demás.

Tus deseos reflejan tu auténtico yo. Representan quién eres. Si no has hecho el trabajo de averiguar lo que eres, lo que te hace vibrar, lo que hace cantar a tu corazón y lo que es una absoluta monotonía, entonces estás lleno de las ideas de los demás menos de las tuyas. Vives una vida dirigida por el mundo exterior a ti, arrastrado de un lado a otro, sacudido por las mareas y las corrientes del océano de la vida.

El problema es que el efecto observador siempre está en acción, lo que significa que si sigues prestando atención y energía a las cosas que no representan tus ideales o tu Yo Superior, obtendrás más de lo mismo. La vida de un creador inconsciente está llena de caos y agitación. No tienes por qué seguir sufriendo eso. Al aprender quién eres, desarrollas una mayor conciencia de tus pensamientos, creencias y sentimientos. La autoconciencia te da más control de tu poder interior, lo que te permite tomar el timón de tu vida y dirigir tu barco hacia donde quieres que vaya.

Energía, cuantos y poder interior

Es hora de hablar de los hilos que conectan la energía, los cuantos y tu poder interior para que tengas los conocimientos esenciales que te ayuden a conectar con una conciencia superior y a expresarla más en tu vida diaria.

El universo es un conjunto de diversos tipos de energía. "Cuantos" es una palabra que define los bloques de construcción que componen el universo. Son pequeños paquetes de energía, ondas y ondulaciones del océano universal de energías. Es fácil confundir los cuantos con la energía, que es un término más genérico, pero en realidad no son lo mismo. Los cuantos se refieren a paquetes diminutos de tipos específicos de energía, como la materia o la luz.

Ahora bien, ¿qué es lo que impulsa los sentimientos que tienes? ¿Cuál es la fuente de tus pensamientos y acciones? Es tu poder interior. Éste poder es una expresión de la energía universal que se encuentra en todos y en todo lo que existe. Es la chispa de la divinidad de la que hablan las tradiciones espirituales y las religiones. Con esta comprensión de tu poder interior, la pregunta es, ¿cuál es la conexión entre los cuantos de energía y el poder dentro de ti?

Recuerda que la separación no existe. Que puedas ver espacio entre tú y otra persona no significa que no estén intrincadamente conectados. Compartes una conexión no sólo con otras personas, sino con formas de vida y con tu entorno, ya sea natural o creado por el hombre. Estás hecho de la misma energía que se expresa de muchas formas, *ya sea como una roca, un gato o una bombilla.* Se trata de un concepto de mecánica cuántica. Los expertos en la materia han demostrado una y otra vez que todo en el universo es no local. Este principio de no localidad implica que, independientemente de lo lejos que percibas algo o a alguien de ti, sigues estando conectado.

¿Cuál es la conexión entre esto y tu capacidad de trabajar con tu poder interior para manifestar tus deseos y desarrollar una conexión más consciente con la conciencia superior? Supongamos que tienes un aparato de radio de la vieja escuela. Si quieres escuchar una emisora de radio específica, tienes que girar el dial para que coincida con la frecuencia de esa emisora. De la misma manera, cuando alineas la energía dentro de ti para que coincida con la frecuencia de tu deseo y el almacén infinito de la energía universal, te bloqueas en la manifestación de tu deseo. Mantente en esa frecuencia, y pronto, más y más cosas en tu vida cambiarán para coincidir con ella.

Todo empieza por tomar conciencia de tus creencias, emociones y pensamientos. Muchos viven asumiendo que no tienen voz sobre lo que sienten o lo que piensan, agobiados por la mentira de que la mente está a cargo de ellos. No se dan cuenta de que la mente es una herramienta que pueden utilizar.

Imagina a un carpintero que dice: *"Yo no uso mi martillo. Me utiliza a mí".* A menos que lo que quieras que arreglen no sea tan grave, tengas los bolsillos lo suficientemente llenos y sientas curiosidad por saber qué han querido decir con esa absurda afirmación, no los contratarías.

Así que *utiliza tus herramientas.*

Tu capacidad de sentir, pensar y actuar son herramientas. Tu mente es una herramienta, no tu amo. Si lo dudas, la próxima vez que tengas un pensamiento negativo, ponlo en un estrado proverbial y acribíllalo a preguntas sobre su validez, presentando todas las pruebas que se te ocurran para demostrar que no es cierto. Te sorprenderá lo rápido que te desharás de ese pensamiento cuando hayas terminado.

Haz este ejercicio también con cualquier creencia que tengas desde hace tiempo. Si crees que te va a resultar un poco difícil refutarlas, recuerda qué es realmente una creencia: un pensamiento que llevas pensando el tiempo suficiente y con la frecuencia suficiente como para creer que es cierto porque resuena en ti. En otras palabras, lo has pensado el tiempo suficiente como para que tú, tu experiencia vital y el pensamiento coincidan energéticamente.

Para sintonizar tu dial con la frecuencia de tus deseos, selecciona deliberadamente pensamientos y sentimientos que coincidan con ellos. Puede que al principio no te parezca natural, pero si lo haces durante el tiempo suficiente, se convertirá en un hábito. A partir de entonces, actuarás en consonancia con esos nuevos sentimientos y pensamientos, y esto provocará cambios tangibles en tu vida que te animarán a seguir adelante.

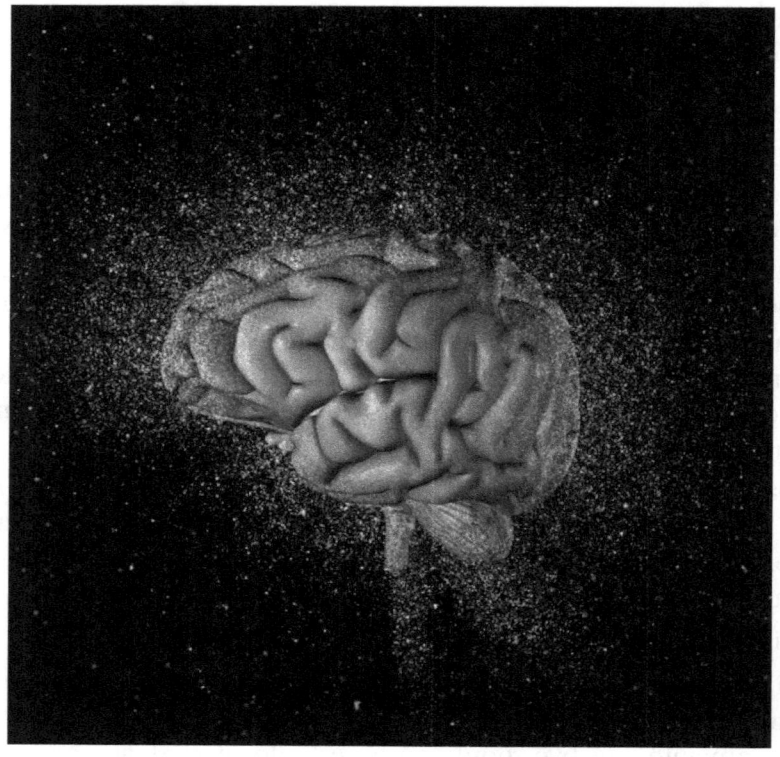

Tú controlas tu mente, no al revés °

A medida que evoluciones, serás más consciente de tus pensamientos, creencias y sentimientos. Concéntrate en tus deseos. Establece una intención clara y recuérdatela a ti mismo tan a menudo como puedas para que resuenes con ella. Con el tiempo, esta resonancia será obvia en tu experiencia diaria. Recuerda tu unidad con la energía universal en todo esto, y verás grandes resultados. Los siguientes son ejercicios prácticos que te ayudarán a conectarte con el infinito poder que llevas dentro.

Ejercicios prácticos para aprovechar tu poder interior

La Meditación de la Semilla de la Conciencia

1. Busca un lugar tranquilo y cómodo.
2. Siéntate erguido, con la espalda recta, alargando la columna como si tuvieras una cuerda conectada a la parte superior de la cabeza que tirara de ti hacia el cielo.
3. Empieza a respirar profundamente, tomándote tu tiempo al inhalar y exhalando hasta vaciar los pulmones. Mantén la atención en lo que sientes al respirar cuando entra y sale de tu cuerpo.
4. Mientras meditas, te vendrán pensamientos a la cabeza que te distraerán de la respiración. Esto es completamente natural. Reconócelos cuando surjan y no los juzgues ni te identifiques con ellos.
5. Una vez que reconozcas que te has distraído, agradece haberte dado cuenta y vuelve a centrar tu atención en la respiración. Hazlo tantas veces como te distraigas y nunca te castigues por ello.
6. Siéntate en silencio y consciente de tu respiración durante los 10 o 15 minutos siguientes.

Utiliza esta sencilla meditación como punto de partida para otras prácticas que requieran ir hacia tu interior. Tendrás resultados más poderosos de esta manera que si te lanzas a otras meditaciones avanzadas o ejercicios de visualización como el siguiente. Funciona porque es como cerrar la puerta al mundo físico para ser más consciente de los reinos espirituales dentro de ti.

Visualizar el mundo interior

1. Comienza con los ojos cerrados. Toma conciencia de tu respiración, como en el ejercicio anterior. Cuando te sientas presente y quieto, es el momento de visualizar.
2. En tu imaginación, imagina que caminas por un hermoso sendero hacia la entrada de un magnífico jardín. Nota cómo se sienten tus pies mientras caminas hacia el jardín.

3. Entra en el jardín y detente justo dentro de él. ¿Qué ves, oyes y hueles? Presta atención a cada una de esas cosas que captan tus sentidos y tómate tu tiempo para estudiarlas. Tal vez haya un arroyo murmurando suaves sonidos de agua que te tranquilizan, un pájaro de aspecto exquisito revoloteando por ahí o una flor encantadora que te atrae.
4. Ahora, adéntrate en el jardín. Explóralo y observa cómo te sientes al hacerlo. Este jardín es un reflejo de tu mundo interior. Fíjate en su aspecto, ya sea lúgubre y abandonado o floreciente y radiante.
5. Mientras lo exploras, pregúntate qué necesitas cambiar en tu vida para desarrollarte espiritualmente y convertirte en la persona que te gustaría ser. Si aún no has recibido una respuesta, no te preocupes. La recibirás en otro momento, probablemente cuando estés en medio de algo mundano.
6. Si parece que tu jardín necesita un poco de amor, puedes tocar las plantas e imaginar que la luz fluye de tus palmas para sanarlas.
7. Dedica de 5 a 10 minutos a disfrutar de las vistas, los sonidos y los olores de tu jardín o a cuidar las partes que necesitan amor.

Encender una bola de energía
1. Después de entrar en estado de meditación, frótate las palmas de las manos enérgicamente durante unos segundos hasta que sientas calor y hormigueo en ellas.
2. Ahora, separa las manos poco a poco hasta que queden unos centímetros entre ellas.
3. Presta atención a lo que sientes entre ellas. Es una energía sutil.
4. Imagina que la energía que hay entre las palmas de las manos es como una bola de luz.
5. Juega con esta energía acercando las palmas y separándolas más que la primera vez. Siente cómo la bola de energía se hace más grande y menos sutil a medida que haces esto.
6. Ahora, imagina que al seguir juntando y separando las palmas, la energía se vuelve más intensa cada vez.
7. Imagina que cambias el color de la bola de energía y presta atención a las sensaciones que surgen al hacerlo.

8. Ahora, trae a tu mente la intención que deseas. Mantén la concentración en tu intención y observa si el color y la sensación energética de la bola cambian para reflejar tu deseo. Ten en cuenta que debes enfocarte en esta intención o deseo como si ya estuviera hecho, con un corazón de gratitud.
9. Mantén esta bola de energía entre tus manos durante unos minutos, empapándote de su energía y disfrutando de la sensación.
10. Cuando estés preparado, acércate la bola a la cara. Con una respiración profunda y prolongada, imagina que estás inhalando la bola de energía. Siéntala entrar por las fosas nasales, llenando el pecho y extendiendo su resplandor por el resto del cuerpo.
11. Ahora, ve cómo tu cuerpo brilla por dentro y por fuera con la luz de esta energía, cada vez más brillante.
12. Da las gracias. Puedes ser breve y dulce con un simple "gracias" o dedicar más tiempo a dar las gracias por todo lo relacionado con tu deseo ya cumplido.

Ver Auras

Un aura es la esencia energética de un ser, que muestra su estado mental actual o su "actitud energética" general. Puedes utilizar el aura para saber si a alguien le pasa algo y necesita ayuda o si quiere hacerte daño. Para este ejercicio, necesitarás una habitación no demasiado luminosa, pero tampoco mal iluminada. También necesitas a alguien que te ayude.

1. Primero, entra en estado de meditación.
2. Cuando te sientas centrado, abre los ojos y mira un objeto solitario en la habitación. Mantén tu mirada suave. No intentes penetrar en él. Si miras fijamente, forzarás la vista y no obtendrás ningún resultado.
3. Cuando lleves unos minutos mirando el objeto, desplaza lentamente tu atención hacia la persona cuya aura vas a ver. Utiliza tu visión periférica. Si la miras directamente, no podrás ver su aura.
4. Espera pacientemente. Al principio, lo que veas puede ser sólo sutil, pero con el tiempo y la práctica constante, verás su aura con facilidad.

Descubrir tu animal de poder

Tu animal de poder es uno de esos seres que te han sido asignados para ayudarte en la vida. De ellos puedes extraer sabiduría, guía, conocimiento, fuerza y poder. El siguiente es un gran ejercicio que te ayudará a saber quiénes son y a conectarte con ellos de aquí en adelante. Después de conocerlos, si necesitas su ayuda para algo, también puedes utilizar esta técnica para volver a visitarlos y hacerles tu petición. Funciona de la siguiente manera.

1. Una vez que hayas alcanzado tu estado centrado y meditativo, imagina que desciendes al núcleo de la Tierra, pasando junto a las raíces de los árboles y las rocas.
2. Imagina que sales de la Tierra y te encuentras con el paisaje natural más hermoso que jamás hayas visto.
3. Mientras estés aquí, pídele a tu animal de poder que se revele ante ti, y dale las gracias de antemano por responder a tu llamada. Espera pacientemente, con el corazón lleno de agradecimiento y emoción.
4. Cuando aparezcan, dales las gracias por revelarse y por ayudarte a navegar por los altibajos de tu vida. Pide una conexión más profunda con ellos y dales las gracias una vez más.
5. Cuando estés preparado, imagina que subes al cielo, te reencuentras con las rocas y las raíces de los árboles y vuelves a tu cuerpo, a tu habitación.

Estos ejercicios no son los únicos que puedes utilizar para conectarte con la conciencia superior y canalizar tu poder interior hacia donde desees. Hay muchos más si investigas. Además, supongamos que te sientes guiado intuitivamente a modificar estos ejercicios o a crear los tuyos propios. En ese caso, deberías confiar en esa corazonada y desarrollar tus ejercicios.

Obtendrás los mejores resultados si los practicas a diario, aunque sólo puedas dedicarles cinco minutos en cada ocasión. La constancia es la clave del éxito. Si no obtienes resultados inmediatos o no pasa nada en los primeros intentos, no significa que hayas fracasado. No te presiones con expectativas.

En lugar de eso, mantén la mente abierta y sigue practicando. Piensa en ellas como si fueras a lavarte los dientes: lo harás todos los días, te guste o no. Ahora que has aprendido a "ir por dentro", descubrirás cómo "ir por fuera".

Capítulo 4: Ir más allá para ampliar tu conciencia

"No importa lo que encuentres, ve más allá". - Nisargadatta Maharaj

Has aprendido a explorar los mundos que hay dentro de ti, pero aún hay más por explorar. ¿Sabes que puedes viajar desde tu cuerpo a mundos invisibles a tus ojos físicos? Algunos de estos mundos se asemejan mucho al mundo físico, mientras que otros son tan fantásticos que resulta difícil imaginarlos si nunca has estado en ellos.

La proyección astral y los viajes chamánicos no son lo mismo [9]

La gente confunde la proyección astral y los viajes chamánicos, pensando que son lo mismo cuando no lo son. La única similitud que comparten es que ambas son prácticas metafísicas destinadas a ponerte en contacto con mundos más allá del reino físico. En este capítulo, aprenderás cómo utilizarlos para la exploración espiritual y conectar con la conciencia superior a un nivel más profundo.

Viajes chamánicos

Durante muchos siglos, los chamanes han utilizado el viaje chamánico para explorar todos los reinos de la conciencia que no están al alcance de los sentidos físicos. En un viaje chamánico, puedes comunicarte con seres espirituales como tus animales de poder, guías espirituales y otras entidades.

En este viaje, te encuentras en un estado de conciencia en el que puedes recibir información de varios niveles de la realidad. A veces, mientras el chamán viaja, su cuerpo es habitado temporalmente por los espíritus de seres benévolos que imparten curación e información muy necesaria a aquellos que la necesitan.

Prepara tu estado mental antes de emprender un viaje. Necesitas tener una razón clara para querer visitar estos otros reinos, así que dedica tiempo a establecer tu intención para cada viaje. También es mejor practicarlo en un espacio donde te sientas seguro y protegido. Si sientes miedo, puedes atraer hacia ti entidades y energías de baja vibración, no deseadas, que interrumpirían tu sesión.

Hay varias técnicas chamánicas que podrías utilizar para entrar en un estado de trance que te permita ponerte en contacto con diferentes niveles de conciencia. Si tienes dificultades para realizar un viaje, puedes solicitar la ayuda de tus guías espirituales, animales de poder u otros seres en los que creas.

Beneficios de los viajes chamánicos

Aparte de lo interesante que resulta experimentar mundos distintos del propio, la práctica del viaje chamánico aporta numerosos beneficios.

Una de las formas más notables de recurrir a tu poder interior para curarte es mediante los viajes chamánicos. En tu viaje, te encontrarás con guías que conocen las artes de la curación y pueden diagnosticar los problemas precisos con los que estás luchando. Su experiencia, más allá del tiempo, se extiende por todos los reinos y sabrán qué recomendarte.

A veces, actuarán directamente sobre tu problema enviando energía curativa a cualquier parte de tu cuerpo que lo requiera. La curación que recibes de estos seres es tan profunda que también te limpia de cualquier energía negativa de baja vibración que haya provocado tu enfermedad.

Una advertencia. *Si tienes problemas de salud física, acude primero a tu médico o habla con un consejero o terapeuta si tienes problemas mentales.* Si todavía estás luchando para mejorar, entonces prueba el viaje chamánico. Todos los problemas del mundo físico tienen un origen espiritual. No hay mejor manera de abordar los problemas de salud que trabajando con la conciencia superior en conjunción con la ayuda convencional que recibes de médicos y terapeutas profesionales con licencia.

Tu nivel de estrés disminuirá: Hay algo en esta práctica metafísica que hace que quienes la practican se sientan relajados y tranquilos cuando regresan al mundo físico. Viajan a otros mundos llenos de paz y serenidad y se empapan de su energía. Cuando regresas de un viaje, el recuerdo de la inmensidad del cosmos hace que tus preocupaciones e inquietudes parezcan infinitesimalmente insignificantes. Cuanto más practiques el viaje chamánico, más fácil te resultará poner la vida en perspectiva.

Descubrirás quién eres realmente: Muchas personas hoy en día se convierten en lo que les han dicho que deberían ser en lugar de ser su verdadero yo. Esta es una de las muchas razones por las que la gente se siente miserable. Cuando realizas un viaje chamánico, te conocerás a ti mismo - sin todos los adornos y ornamentos que el mundo te ha puesto. Aprenderás mucho más sobre ti mismo de lo que jamás podrías concebir a través de la contemplación.

Algunas de las cosas que descubras podrían parecer inquietantes al principio, pero mantén la mente abierta. El autodescubrimiento siempre vale la pena. Una vez que conozcas mejor tu poder, no podrás volver a vivir una vida abrumada por las expectativas de los demás sobre cómo deberías comportarte. Sabrás lo que te conviene y lo que no, y no te inmutará ninguna presión externa para que seas algo distinto de lo que eres.

Resolverás los problemas más difíciles con los que has luchado toda tu vida: ¿Hay algún asunto en particular que te ha dejado perplejo durante mucho tiempo? Crees que has dado con la solución perfecta, sólo para descubrir que todo se viene abajo cuando la aplicas. Este fracaso se repite una y otra vez, hasta el punto de desilusionarle y hacerle desistir. Si te sientes identificado, deberías probar el viaje chamánico.

Con los viajes chamánicos, podrás ponerte en contacto con tus guías personales y pedirles que te digan dónde te estás equivocando. Te indicarán lo que te has estado perdiendo. Ellos te ayudarán a hacer el cambio de energía para lograr la manifestación de la solución a este problema de una manera natural.

Tu creatividad se disparará: En un viaje chamánico, hay mucho que explorar, no sólo con lo que sientes y experimentas con tus sentidos espirituales, sino también con tu interpretación de esas experiencias. La inmensidad de los reinos chamánicos y cómo se expresan es material más que suficiente del que sacar inspiración.

Independientemente de tu campo de trabajo, ya sea en las artes o en alguna otra industria no considerada típicamente creativa, encontrarás inspiradoras ideas que te ayudarán a prosperar. Todo lo que tienes que hacer es acercarte a tu guía y pedirle que comparta contigo lo que necesitas saber.

Los tres reinos

En las tradiciones chamánicas, el cosmos se divide en tres reinos distintos:

- El Reino Inferior
- El Reino Intermedio
- El Reino Superior

En algunas tradiciones, estos tres mundos se dividen en submundos, pero, en general, en tu viaje de trance chamánico sólo encontrarás tres caminos. Puedes viajar a estos mundos de forma independiente, pero lo más habitual es que lo hagas acompañado de tu guía espiritual o animal de poder.

En las tradiciones chamánicas, el cosmos se divide en tres reinos distintos [10]

El Reino Inferior: La mayor parte de la gente viaja al mundo inferior la primera vez que realiza un viaje chamánico. Para llegar allí, debes descender a la tierra utilizando el Árbol del Mundo, también llamado Axis Mundi. Este árbol espiritual te da acceso a los tres mundos. Viajas desplazándote a través de su tronco.

Para llegar al mundo inferior, debes atravesar un largo corredor o túnel, por el que entras a través de un agujero o abertura en la tierra. Puede ser un agujero hecho por un animal, la abertura de una cascada o una hendidura en la base del tronco de un árbol. También puede ser una escalera que te lleve hacia abajo. Sin embargo, la entrada a este mundo se presenta por sí misma, y entrarás en la tierra para llegar al mundo inferior.

El mundo inferior es el reino del poder transformador. En este mundo, tu ayudante tendrá la forma de un animal de poder. Sin embargo, otros ayudantes podrían tomar la forma del viento, los árboles y otros elementos de la naturaleza. También podrían ser tus antepasados. Aparecerán de una forma que resuene contigo.

Si deseas disfrutar de tus viajes chamánicos, desarrolla una relación con estos guías. Cuanto más tiempo y esfuerzo dediques a establecer una fuerte conexión entre ambos, más fácil te resultará explorar los reinos chamánicos y obtener de ellos lo que necesites.

El mundo inferior es donde irás si necesitas curación, transformación y poder en tu vida. El poder que recibas aquí te ayudará no sólo en tu trabajo, sino también en tu desarrollo espiritual. Este mundo es una representación de tu psiquis interior o mente subconsciente. Así que, en cierto sentido, no se trata realmente de "ir más allá" o "ir sin", sino de ir hacia dentro.

El Reino Intermedio: Este mundo intermedio refleja fielmente el mundo terrenal, pero tiene todo que ver con las dimensiones espirituales y el alma. Piensa que es como la tierra que conoces, pero con una capa de seres y estructuras espirituales. Es como descorrer el velo para ver más de lo que está presente en ti y que a menudo pasa desapercibido en el mundo físico. Aquí es donde descubres la naturaleza, las criaturas y las diferentes almas que componen la propia naturaleza, como las almas de los animales domésticos, el clima, los árboles, las montañas, la tierra, etc. Contiene el presente, el pasado y el futuro de la vida en la Tierra.

¿Hay algo concreto que te gustaría saber sobre algún acontecimiento? ¿Quieres recabar información sobre una zona concreta? En ese caso, debes viajar al Reino Intermedio. Desde aquí, puedes trabajar junto al alma de un lugar concreto de la Tierra o de la naturaleza. Todos los rituales que se practican en las distintas tradiciones espirituales y culturas implican extraer poder de este mundo.

El Reino Superior: Es el mundo que se encuentra por encima de la Tierra. Puedes acceder a él viajando al espacio y yendo más allá de las estrellas. Puedes distinguir entre el mundo superior y el intermedio por la diferencia de vibración, si eres lo bastante sensible para captarla. El mundo superior vibra a una frecuencia claramente diferente de la del inferior. Esta diferencia de vibración también se refleja en el tipo de ayuda que puedes esperar de cualquiera de estos mundos.

Por ejemplo, si quieres tener una perspectiva más elevada de tu vida y encontrar el espacio entre tú y una situación difícil que te ha abrumado, lo mejor es que acudas al mundo superior. Además, si quieres descubrir nuevas partes de ti mismo y formas de expresar tu creatividad, el mundo superior es donde debes estar.

Tienes dos opciones a la hora de viajar al Reino Superior. Puedes subir más y más hasta llegar al lugar más allá de las estrellas a través del Axis Mundi, o puedes descender a las profundidades del mundo inferior y continuar tu descenso hasta emerger en el propio mundo superior. Esto es posible porque estos tres reinos están interconectados entre sí. Es una ruta cíclica.

Cómo hacer un viaje chamánico

1. Prepárate buscando un lugar tranquilo, sin distracciones ni molestias. Debes sentirte seguro en este espacio.
2. Elige tu mundo. Aunque nada te impide visitar el Reino Inferior, ver los Reinos Intermedio y Superior puede ser más beneficioso. Si finalmente tus guías te llevan a visitar el Reino Inferior, puedes confiar en ellos para que te lleven allí.
3. Decide cuál es tu intención para este viaje chamánico. ¿Quieres sanación? ¿Buscas claridad en un asunto confuso? ¿Quieres simplemente conocer a tus guías? Sea lo que sea lo que quieres hacer, tenlo claro y fíjalo en tu mente.
4. Empieza a tocar el tambor. Si no tienes un tambor, puedes escuchar música de tambores chamánicos gratis en Internet. Si te distrae demasiado, puedes escuchar los latidos de tu corazón. De lo que se trata es de prestar atención a un sonido repetitivo que sea lo suficientemente constante como para hacerte entrar en estado de trance.
5. Imagina un gran árbol ante ti. Este es el Axis Mundi que te conecta con los diferentes reinos. Encuentra la rendija en la base del árbol y entra en ella, recordando mantener tu destino firmemente en mente mientras caminas por el pasillo hacia el otro lado.
6. En el Reino Intermedio, explora el mundo que te rodea con tu intención en mente. También puedes tener la intención de que tu guía aparezca y te ofrezca lo que buscas o te conduzca a ello. No temas hacer preguntas, relacionarte con las entidades que encuentres y observar el mundo que te rodea.
7. Si tu intención es llegar al Reino Superior, busca el Axis Mundi y escala por él hasta que estés en las estrellas, y sigue avanzando hasta que estés más allá de ellas. Alternativamente, pídele a tu guía que te lleve hasta allí, y ambos volaréis hasta ese reino más allá de las estrellas.
8. Una vez en el Reino Superior, recuerda relacionarte con los guías, los seres y el mundo que te rodea con tu intención en mente.
9. Para regresar al mundo físico, vuelve sobre tus pasos. Cuando salgas del Axis Mundi, tu conciencia volverá a tu cuerpo en tu espacio seguro.

10. Tómate un tiempo para respirar profundamente, enraizándote en tu cuerpo al aumentar tu conciencia de él. Cuando te sientas plenamente presente, abre los ojos.

11. Escribe un diario sobre tus experiencias, las nuevas percepciones que has recibido y cualquier nueva pregunta que haya surgido y que puedas abordar en tu próximo viaje.

Proyección astral

La proyección astral también es conocida como viaje astral. Cuando realizas este tipo de viaje, estás teniendo una experiencia extracorpórea u OOBE. El viaje astral es un proceso metafísico de transporte de la conciencia fuera del cuerpo físico a otros planos de existencia. Algunos dicen que no estás trasladando tu conciencia de tu cuerpo físico a tu cuerpo astral, sino sólo cambiando a tu conciencia astral. No importa cómo lo describas, puedes proyectarte astralmente a través de la visualización, la meditación, los sueños lúcidos y mucho más.

Cuando te proyectas astralmente, experimentarás todo tipo de sensaciones desde el momento en que eres consciente de que estás despierto hasta el momento en que realmente abandonas tu cuerpo. La proyección astral cambiará por completo tu forma de ver el mundo. Cuando tu cuerpo astral se separe del físico, te darás cuenta de que la vida no tiene fin y de que no hay razón para temer a la muerte cuando llegue.

Algunas personas tienen la creencia errónea de que la proyección astral es peligrosa porque es posible que nunca puedas volver a tu cuerpo. Hay quienes dicen que alguna otra entidad podría poseer tu cuerpo mientras estás fuera, pero eso no es cierto. Tu cuerpo es tuyo y nadie tiene permiso para expulsarte de él. Además, uno de tus principales retos será permanecer fuera de tu cuerpo el mayor tiempo posible. Basta con pensar en tu cuerpo o sentir por él para volver al mundo físico, y hay un cordón de plata que te mantiene atado a tu cuerpo físico.

Si quieres tener éxito con esta práctica espiritual, es mejor que no hables de ella con escépticos hasta que la hayas realizado. Por muy estoico que seas o por muy fuerte que sea tu voluntad, el escepticismo podría ser contraproducente para que realices tu primer viaje al plano astral. El miedo y la duda son los dos obstáculos más molestos para proyectar con éxito tu conciencia desde el reino físico a otros planos, así que haz lo posible por evitarlos a toda costa.

He aquí algunos de los beneficios de la proyección astral:

1. Puedes encontrarte con guías espirituales que te ofrecerán información perspicaz sobre dónde te encuentras en la vida.
2. Puedes utilizar este reino para inspirarte en tus proyectos vitales. Por ejemplo, podrías conjurar pinturas, piezas musicales, ideas para la arquitectura, etc. Las posibilidades son infinitas.
3. En el reino astral, puedes representar cómo sería vivir como la persona que prefieres ser. Esto te dará una imagen clara de lo que significa haber manifestado tus sueños y hará más fácil y rápido que esas cosas se vuelvan físicas.
4. Una vez que practiques salir de tu cuerpo, te librarás del miedo a la muerte.
5. La proyección astral hace que te vuelvas más consciente de ti mismo, lo cual es excelente para el desarrollo espiritual.
6. Hablando de desarrollo espiritual, cuanto más te proyectes astralmente, más experimentarás anomalías en la vida que te mostrarán lo plástica que es la realidad, facilitándote crear lo que quieres en la vida.
7. Experimentarás sincronicidad y el despertar de varias habilidades psíquicas que desconoces o que no has podido utilizar en todo su potencial.

Cómo practicar la proyección astral

Prepara tu mente y tu cuerpo: Si quieres proyectar tu conciencia al plano astral con éxito, tienes que aprender a relajarte mientras te concentras simultáneamente en tu objetivo. Por lo tanto, debes estar en un ambiente seguro, tranquilo y libre de distracciones. Meditar antes de practicar la proyección astral te dará mejores resultados.

También debes liberarte de tus miedos. La proyección astral es una práctica que existe desde hace siglos y es perfectamente segura. No perderás el acceso a tu cuerpo porque siempre estarás atado a él por un cordón plateado, que podrás ver o no durante tus viajes.

Antes de empezar, asegúrate de estar en una posición cómoda. Siéntate en posición erguida o recuéstate. Si eliges recostarte, ten en cuenta que puedes quedarte dormido antes de abandonar con éxito tu cuerpo.

Si te resulta incómodo sentarte en posición erguida, puedes utilizar un sillón reclinable o apilar algunas almohadas detrás de la espalda para imitarlo. Asegúrate de que tu cuerpo está limpio y libre de drogas. Cualquier depresivo o estimulante podría interferir con tu objetivo y dificultar la salida de tu cuerpo, y eso incluye el café y los cigarrillos.

Cierra los ojos, respira correctamente y relájate: Debes hacer respiraciones diafragmáticas, lo que significa que el estómago debe elevarse con cada inhalación y los pulmones deben quedar completamente vacíos al exhalar. Al concentrarte en la respiración, te sentirás más relajado. Intenta inhalar por la nariz durante cuatro segundos, mantener la respiración durante siete segundos y exhalar por los labios ligeramente separados durante ocho segundos.

Espera las vibraciones: Mientras esperas, resiste el impulso de moverte. Tu mente te pondrá a prueba para ver si estás despierto porque estás en un estado tan relajado que es como si estuvieras dormido. Enviará señales a tu cuerpo para que te des la vuelta o te rasques alguna picazón. Si ignoras estas señales, tu mente asumirá que tu cuerpo está dormido, lo que te llevará a un estado de parálisis del sueño, cuya finalidad es evitar que lleves a cabo tus sueños.

En este estado, puedes empezar a notar que tu cuerpo vibra. Se siente como intensas corrientes de electricidad que fluyen a través de ti, pero no es doloroso. Si quieres, puedes controlar las vibraciones moviéndolas de un lado a otro. No te sorprendas si empiezas a notar sonidos como voces o risas. También puedes sentir como si hubiera otras presencias contigo en la habitación, pero no hay nada que temer. Pase lo que pase a tu alrededor, recuerda que estás a salvo. No tengas prisa por pasar al siguiente paso. Tómate tu tiempo para sentir las vibraciones.

Imagina una cuerda sobre tu cabeza: Mantén tu atención en esta cuerda colgante durante un rato. Luego, imagina que sacas tus manos astrales de tu cuerpo físico para agarrarte a la cuerda. Una vez que la cuerda esté firmemente en tus manos astrales, tira de ella para elevar tu cuerpo astral fuera del físico. Tendrás una breve sensación de estar en dos cuerpos a la vez, así que concéntrate en utilizar tus sentidos astrales en lugar de los físicos. Continúa tirando hasta que estés completamente fuera de tu cuerpo.

Ve a la sección más alejada de tu habitación: Desde aquí, puedes echar un vistazo a tu cuerpo mientras duermes en la cama. Hagas lo que hagas, no te excites ni te asustes, ya que estas emociones intensas pueden arrastrarte de vuelta a tu cuerpo.

Sal de tu habitación: Puedes usar la puerta si lo deseas, pero estar en tu cuerpo astral significa que puedes atravesar fácilmente materiales sólidos. Por lo tanto, si quieres atravesar paredes para llegar al exterior de tu casa, puedes hacerlo. Si quieres probar lo que se siente al volar, golpea suavemente el suelo con un pie para rebotar en el aire y luego desplazarte por el techo hasta el cielo. Sólo con tu mente, puedes impulsarte en cualquier dirección a la velocidad que quieras.

Explora tu barrio, ciudad, país y continente: Como estás en tu forma astral, no necesitas adherirte a la idea de tomar tiempo para moverte a través del espacio para llegar de un lugar a otro. Así, si estás en Ciudad del Cabo, Sudáfrica, y te gustaría estar en París, podrías llegar allí imaginando o visualizando la Torre Eiffel o cualquier otro punto de referencia parisino que conozcas. Incluso si no tienes ningún punto de referencia en mente, la intención de estar en París es suficiente para llegar allí al instante.

Ve más allá de la órbita terrestre: Nada te impide explorar más allá de la Tierra. Para sentirte realmente conectado con el universo, debes dirigirte al espacio exterior, hacia las estrellas y más allá de ellas. No necesitas saber qué hay más allá para llegar allí. Simplemente ten la intención de que es allí donde te gustaría ir. Verás que el plano astral es muy receptivo y se ve muy afectado por tus intenciones, emociones y expectativas.

Busca a tu Guía Espiritual y pídele lo que desees: De nuevo, todo lo que tienes que hacer es tener la intención de reunirte con él. En el plano astral, no tienes que comunicarte con palabras habladas. Puedes usar la telepatía y recibir bloques de pensamiento que contienen vasta información de tus guías.

Vuelve a tu cuerpo: Para ello, simplemente piensa en tu forma dormida en la cama o siéntela, y estarás allí. Antes de regresar, di firmemente y en voz alta que recordarás todo lo que has experimentado. Este es un paso crucial para descargar la información que has recibido en lugar de olvidarla una vez despierto.

Al fundirte con tu cuerpo, emite un sonido fuerte, como un rugido o un grito, que te ayude a conectar tus conciencias astral y física. De esta manera, es más probable que recuerdes todo lo que aprendiste en tu viaje.

Ahora que ya sabes cómo ir hacia dentro y hacia fuera, ¿qué es lo siguiente? Es lógico que te reúnas con tu Yo Superior, ¿no? Descubre cómo hacerlo en el próximo capítulo.

Capítulo 5: Conoce a tu Yo Superior

"A veces tu Ser Superior te guiará a cometer errores para que puedas aprender lecciones". - Gabrielle Bernstein

Es hora de conocer a tu Yo Superior. Una vez que lo hagas, tu vida se transformará radicalmente. Te preguntarás por qué no buscaste esto antes que ahora, pero más vale tarde que nunca, ¿verdad?

Déjate guiar [11]

Tu Yo Superior

La idea del Yo Superior es familiar en muchas tradiciones espirituales. Algunos lo llaman el Yo Soy. Otros lo llaman el Yo Auténtico. Puedes llamarlo el yo divino, la mente, la conciencia crística, el yo de pleno potencial, el yo plenamente realizado, la conciencia universal, la conciencia cósmica, el alma o el yo. Sea cual sea el título que elijas, representa un aspecto más grandioso y grande de ti que el que encarnas actualmente o del que eres capaz de captar ahora mismo.

Como tu Yo Superior, expresas amor en su forma más verdadera. El amor que compartes contigo mismo y con los demás no tiene nada que ver con el ego. Se podría decir que tu Yo Superior es el amor mismo. Desde la perspectiva de tu yo divino, no ves ningún defecto en nada ni en nadie porque lo consideras todo divinamente perfecto. Este yo nunca juzga nada como malo y tampoco reconoce la separación. A través de estos ojos divinos, todas las cosas son emanaciones del Creador. Tu yo es un faro, una luz que te guía de vuelta a casa, a la unidad de la conciencia. Es sabiduría infinita, amor y luz.

Es posible encarnar tu Yo Superior en tu vida cotidiana. Recuerda el principio cuántico de superposición. Como las partículas existen en múltiples estados, puedes expresar tu yo egoico y contratarte simultáneamente para tener una vida más rica y gratificante. ¿Y el enredo? Por muy oscuras que parezcan las cosas o por mucho tiempo que haga que no piensas en el tema, tu Yo Superior siempre estará conectado a ti. Si no eres consciente de esa conexión, es sólo porque no te has esforzado en ser consciente de ella. Este enredo entre tú y la versión más grandiosa de tu ser se hará más evidente cuando te acerques deliberadamente a ella para conectar con ella.

Al dirigir tu atención hacia tu Yo Superior, activas el efecto observador para bien en tu vida. Haces que tu forma de ser cambie para mejor, para reflejar esta versión de ti mismo que es perfección y amor.

Beneficios de la conexión con tu Yo Superior

¿Cuáles son los beneficios de los que disfrutarás cuando te conectes con tu Yo Superior y vivas con su conciencia a diario?

Experimentarás un aumento de la claridad: Al conectarte con esta versión de ti mismo, ya no te sentirás abrumado por la confusión o la sensación de estar perdido.

Mejorará tu capacidad para centrarte en lo importante: Al mantener tu conciencia atada a la versión cósmica y espiritual de ti mismo, descubrirás que no tienes problemas para concentrarte en las cosas que más importan.

Incorporar tu Yo Superior te lleva a ser más consciente: La atención plena significa estar anclado en el presente. Ya no estarás atascado por lo que sucedió en el pasado o lo que pueda venir en el futuro. Desde esta perspectiva, comprenderás por fin lo que Jesucristo quiso decir en el libro de Mateo, capítulo 6, versículo 34: *"No os afanéis, pues, por el día de mañana; porque el día de mañana se afanará en sus propias cosas. Bástele al día su propia aflicción".*

Tendrás más respeto y compasión por ti mismo: Puesto que tu Yo Superior es incapaz de percibir nada como imperfecto o equivocado, tú también emularás esa cualidad. Esta compasión y respeto también se extenderán a los demás en tu vida. Aprenderás a valorar a todo el mundo, independientemente de dónde se encuentren o con qué estén luchando.

Tu salud mental y física mejorará: Conectarte con tu Yo Superior significa permitir que fluya a través de ti una mayor cantidad de la energía creativa natural que sustenta el mundo. Si sufres constantemente depresión y estrés, esta conexión te ayudará a sentirte mejor, además de la terapia, por supuesto.

Perspectivas culturales y espirituales del Yo Superior

Existen muchas interpretaciones del Yo Superior en las distintas culturas y tradiciones. En Occidente, el Yo Superior se refiere a ti como persona, pero en tu momento de mayor evolución espiritual. Expresas una sabiduría poco común y tu amor es puro e incondicional en comparación con la mayoría. Esta afirmación no es egoísta, y no hay competencia ni orgullo. Eres simplemente un ser que resuena con estas ideas. Según la percepción occidental de esta idea, el verdadero yo es quién eres cuando eres autoexpresivo y autodirigido. Como esta persona, no cedes a los deseos de las masas porque prefieres ser independiente.

Conectarte con tu Yo Superior significa deshacerte de las narrativas del ego sobre ti mismo [13]

En las culturas nativas americanas, la gente valora la interdependencia mutua y considera que esa forma de vida es superior a la hiperindependencia predominante que se celebra en los tiempos modernos. Por tanto, su perspectiva del Yo Superior implica comunidad. Se trata de honrar los hilos que conectan a unos y a otros en la vida. Por lo tanto, en estas culturas (y en las tribales), el Yo Superior es la suma de estas conexiones.

Las tradiciones espirituales de Oriente ven el Yo Superior como tu verdadera esencia. Eres tú sin limitaciones. Como Yo Superior, has superado los apegos egoicos. No está separado de ti, sino que es una parte clave de lo que eres que sigue conectada a la conciencia universal o inteligencia infinita. Para crecer más conectado a este yo, despréndete de todas las capas de cosas innecesarias que el ego ha amontonado sobre tu alma. En otras palabras, despréndete de todo lo que has asumido que eres porque te impide descubrir tu verdadera esencia.

Historias sobre la conexión con el Yo Superior

"A mi Yo Superior le encanta conectarse conmigo utilizando sincronicidades. A veces, también me habla con cartas del oráculo o del tarot. Recuerdo una vez que tenía un problema personal y lloré mucho por ello. De repente, empecé a ver números de ángeles que aparecían por todas partes, y estoy muy seguro de que era mi Yo Superior tratando de consolarme. La primera vez que me encontré con ella durante la meditación, me quedé simplemente atónita por su hermosa energía.

Ella me ayuda cada vez que necesito hacer un trabajo con cristales eligiendo los correctos para mis necesidades. Una cosa que me dijo y que me he tomado muy a pecho es que no debería tomarme la vida demasiado en serio y que, en cambio, debería mirarlo todo con los ojos de un niño". - Fátima

"Recuerdo cuando empecé a meditar todos los días durante 10 minutos. Mi deseo de aprender más sobre mi vida espiritual me llevó a descubrir algunos vídeos en YouTube sobre cómo conectarme con mi Yo Superior. Uno de los vídeos, en particular, me llamó la atención. Probé el ejercicio que sugería y lo dejé así. Pasaron dos meses hasta que cuatro de mis yoes superiores se dieron a conocer por completo. Cuando establecimos contacto entre nosotros, la sensación fue intensa. Después de ese día, noté que captaba sus mensajes con más claridad que nunca". - Vincent

"Desde que me conecté con mi Yo Superior, he estado experimentando milagro tras milagro. Por lo general, estos milagros comienzan como una aparente devastación o algo por lo que desesperarse, pero las cosas cambian siempre para mejor. Mi Yo Superior me ha estado enseñando que no hay razón para entrar en pánico sólo porque algo malo parezca estar sucediendo. Me ha mostrado que si permanezco neutral o incluso positiva ante estas cosas, se transmutarán en una situación mejor que antes de que sucedieran esos acontecimientos. El amor que siento por el mundo y por mí mismo es tan profundo que a veces lloro, sobre todo en grandes multitudes. Lo más loco es que los demás lloran conmigo, como si me conocieran y se alegraran de volver a conectar conmigo. También experimento comunicación telepática". - Zach

¿Te sientes inspirado por estas historias? No hay ninguna razón por la que no puedas tener tus propias historias. Tómate tiempo para reflexionar sobre distintos momentos de tu vida en los que sentiste como si un poder superior interviniera o te ofreciera orientación. Por ejemplo, ¿hubo algún momento en el que sintieras algo muy fuerte y resultara ser correcto? Ese fue tu Yo Superior en acción. Si alguna vez has sentido una paz y una claridad intensas incluso cuando las cosas no funcionaban o parecían confusas, es porque tu Yo Superior te alimentaba con resiliencia.

¿Y tus sueños? ¿Hay alguno que destaque especialmente? ¿Recuerdas haberte encontrado con alguien que te pareciera un maestro o un guía? ¿Has tenido alguna visión que te revelara lo que tenías que hacer con respecto a una situación de tu vida? Estos mensajes también proceden de tu Yo Superior.

Tu Yo Superior puede usar sincronicidades de eventos y números para llamar tu atención. Diseñado por freepik[18]

No descartes las sincronicidades. En el verdadero sentido de la palabra, no existen las coincidencias. Otra persona puede afirmar que sólo notas coincidencias, pero la sincronicidad es más que eso, ya que una cadena de acontecimientos se desarrolla de una manera que tiene un significado profundo para ti. Tu Yo Superior puede utilizar sincronicidades de eventos y números para llamar tu atención.

Meditación del Yo Superior

Esta excelente meditación te ayudará a conectarte con tu Yo Superior. Para realizar esta meditación, tendrás que ponerte en sintonía con tus chakras del tercer ojo y de la coronilla, que son centros de energía que permiten que la información y la energía fluyan dentro y fuera de tu cuerpo y espíritu. El chakra del tercer ojo se encuentra en la frente, ligeramente por encima y directamente entre ambas cejas, mientras que el chakra de la coronilla está en la parte superior de la cabeza, en el centro. Aquí tienes las instrucciones para esta meditación.

1. Realiza tu meditación básica hasta alcanzar un estado mental sereno.

2. Conéctate a tierra imaginando raíces que salen de la base de tu columna vertebral y descienden hasta las profundidades de la tierra. Siente la estabilidad y el apoyo que te ofrecen estas raíces.

3. Lleva tu atención al chakra del tercer ojo. Imagina una luz índigo pulsando en esta zona. Mírala hacerse más brillante cada vez que inhales y, al exhalar, imagina que la luz se extiende por todo tu cuerpo. Dedica unos minutos a hacer esto.
4. Ahora dirige tu atención al chakra de la coronilla. Imagina una luz blanca o violeta radiante pulsando en esta zona. Con cada inhalación, deja que la luz se haga más brillante. Con cada respiración, deja que la luz inunde tu cuerpo por dentro y por fuera.
5. Imagina un haz de luz blanca que parte de tu chakra del tercer ojo, asciende por el chakra de la coronilla y se dirige hacia el cielo, hacia el universo. Esta es la luz que te conecta con tu yo superior. Siente su energía fluyendo a través de ti, llena de amor, sabiduría y guía. Siente esta energía fluir a través de tu chakra corona y tu chakra del tercer ojo e irradiar a través de tu cuerpo. Quédate aquí todo el tiempo que quieras.
6. Cuando hayas terminado, imagina que el haz de luz del cielo se retrae suavemente hacia tu chakra de la tierra y desaparece. Observa cómo la luz de ambos chakras se atenúa lentamente y vuelve a su estado normal. Luego de unas cuantas respiraciones profundas más para enraizarte en tu cuerpo, puedes abrir los ojos lentamente.

Si quieres conectarte con tu Yo Superior a través del viaje chamánico o la proyección astral, puedes hacerlo. Todo lo que necesitas hacer es tener clara tu intención antes de comenzar esas prácticas, y cuando estés en ese estado alterado o reino diferente, solicita su presencia.

5 consejos para conectarte con tu Yo Superior

1. Pasa menos tiempo mirando pantallas y más en la naturaleza o meditando.
2. Lleva un diario para ser más consciente de ti mismo y registrar las distintas formas en que tu Yo Superior se ha manifestado en tu vida.
3. Dedica tiempo a contemplar el propósito de tu alma. Si ya lo has resuelto, contempla las distintas formas en que podrías seguir persiguiéndolo.

4. Decide confiar en tu intuición sin hacer preguntas. Cuanto más confíes en ella en lugar de apoyarte únicamente en tu lógica, más precisa se volverá con el tiempo.
5. Sé constante en todas tus prácticas espirituales. Tendrás muchos más resultados si las haces todos los días que si las haces una vez cada dos semanas o meses.

Ahora que sabes todo lo que hay que saber sobre tu Yo Superior, es el momento de descubrir cómo puedes trabajar con los guías espirituales.

Capítulo 6: El trabajo con los guías espirituales

"Tus Guías Espirituales y Ángeles nunca te defraudarán a medida que construyas una relación con ellos. Al final, puede que sean los únicos que no te defrauden".

– Linda Deir

Los guías espirituales son entidades divinas asignadas para guiarte y protegerte a lo largo de tu vida. No llegaste solo al planeta. Sabes que tienes todo un equipo que te apoya y cuida de ti. Ellos harían mucho más por ti si tan sólo los reconocieras y les pidieras ayuda porque ellos respetan el libre albedrío y no actuarán a menos que se les pida.

Los guías espirituales pueden aparecer en forma de animales, entre otras muchas formas [14]

Tus guías espirituales actúan como protectores, manteniéndote a salvo de situaciones peligrosas. Son los mejores mentores para guiarte en las distintas cuestiones de la vida, desde los negocios y las finanzas hasta la salud y las relaciones, etc. Esto se debe a que tienen una fuerte conexión con la inteligencia infinita y pueden ofrecerte sabiduría divina cuando se lo pidas.

No hay límite en las formas que pueden adoptar los guías espirituales para interactuar contigo. Todo depende de cuáles sean tus prejuicios y creencias espirituales, así como de las experiencias que hayas tenido. A veces, pueden aparecer como animales. Otras veces, pueden ser tus ángeles, antepasados o seres de otras dimensiones.

Debería reconfortarte saber que siempre tienes un equipo espiritual a tu disposición para ayudarte a permanecer consciente de la conciencia superior y conectado con tu Yo Superior. Tus guías espirituales son benévolos. Para ellos, nada de lo que les pidas es demasiado.

¿Dónde están exactamente estos guías? Estos seres moran en reinos que no son físicos. Operan a través de la energía y la vibración que está en la misma frecuencia que el mundo espiritual, lo que significa que si deseas experimentarlos más plenamente y conectarte con ellos a diario, debes hacer crecer tus músculos espirituales. Tu práctica diaria con la meditación, la contemplación y otras prácticas espirituales te ayudarán a llegar al punto en el que puedas conectarte fácilmente con tus guías espirituales siempre que lo desees sin tener que entrar en un estado meditativo.

Los guías espirituales desempeñan un papel esencial, actuando como puente entre lo físico y lo espiritual. Si te esfuerzas por progresar en tu viaje espiritual pidiéndoles ayuda, te sorprenderá lo lejos que llegarás. Te ayudarán a descubrir los bloqueos en tu vida que te impiden acceder al crecimiento espiritual y los disolverán en tu nombre, con tu consentimiento.

En otras palabras, no tienes que conformarte con preguntarles lo que necesitas cambiar de ti mismo. También puedes pedirles la energía y la voluntad para poner en práctica sus sugerencias, e inexplicablemente abandonarás hábitos que siempre te había costado dejar, adoptando otros nuevos que sirvan a tu bien más elevado. Tus guías espirituales pueden ayudarte a descubrir tu poder interior y ofrecerte información y conocimientos que no son accesibles a la persona corriente ni pueden obtenerse por medios normales.

Si has decidido conscientemente que te gustaría trabajar con ellos, entonces debes construir una actitud de confianza y entrega. Durante demasiado tiempo, la gente ha trabajado bajo la noción equivocada de que deben recorrer el viaje de la vida por su cuenta, y esto hace las cosas innecesariamente más difíciles. Trabajar con tus guías espirituales significa abandonar esta idea. Libera tu necesidad de tener el control. Pasa al asiento del copiloto y deja que tus guías tomen el volante. Para obtener mejores resultados, no seas un conductor de asiento trasero.

Si necesitas ayuda para desarrollar tu intuición o mejorar tus habilidades psíquicas, tus guías te ayudarán. Te ayudarán a ser más sensible a las energías sutiles que te rodean cada día, y eso puede ser muy útil para desenvolverte en tu vida diaria con los demás. Así que no tengas miedo de pedirles ayuda y prepárate para niveles de conciencia como nada que hayas experimentado.

Tipos de guías espirituales

Guías animales: Estos guías también son conocidos como espíritus animales o animales de poder. Cada uno tiene un conjunto único de atributos dependiendo del animal que sea, ya que los distintos animales simbolizan diferentes cosas. Por ejemplo, un águila puede representar la visión, un oso la introspección y la fuerza, y una mariposa el crecimiento y la transformación. En lugar de confiar sólo en interpretaciones genéricas de lo que significa cada animal, consulta tu intuición. ¿Qué representa este animal para ti? Así aprovecharás al máximo tu conexión con él.

Los antepasados: Los antepasados son los espíritus de las personas unidas a ti por la sangre. La sabiduría y la orientación que te ofrecen proceden de las experiencias colectivas de sus vidas. Tus antepasados están familiarizados con los retos a los que te enfrentas y con los que tu linaje, en particular, ha luchado.

Tus antepasados pueden ser personas que conociste en el pasado o que fallecieron antes de que tú nacieras y tuvieras la oportunidad de interactuar con ellos. En la mayoría de los casos, se preocupan por tus intereses, pero si decides interactuar con ellos, debes especificar que sólo quieres interactuar con aquellos antepasados que realmente se preocupan por tu bien más elevado. ¿Por qué es necesario? Bueno, imagina tener a Ted Bundy como antepasado. Exacto.

Maestros Ascendidos: Se trata de seres muy evolucionados que han alcanzado la iluminación, han experimentado múltiples vidas y han aprendido mucho de sus viajes. Jesús, Quan Yin y Buda son sólo algunos de los Maestros Ascendidos más populares. No sólo han tenido experiencia viviendo en la Tierra, sino que también han evolucionado en otras dimensiones espirituales. Han alcanzado la unidad con la conciencia superior, pero eligen ofrecer ayuda y guía a todos aquellos que los invocan.

Ángeles: Los ángeles son seres celestiales cuyo trabajo es guiarte por el camino correcto y mantenerte a salvo. Existen varios tipos de ángeles, pero los más populares son los arcángeles. Estos son los ángeles que tienen cualidades específicas por las que son conocidos. Por ejemplo, se suele invocar al Arcángel Miguel cuando se necesita protección o fuerza. Si quieres ser más creativo y comunicarte mejor, entonces el Arcángel Gabriel es el mejor ser al que invocar. Puedes acudir a estos seres o hacer que se comuniquen contigo a través de tus sueños, visiones e intuición.

Los ángeles también son guías espirituales[15]

Espíritus de la Naturaleza: Estos espíritus son los responsables del mundo natural. Tienen una profunda conexión con todo lo relacionado con la naturaleza y trabajan duro para garantizar que toda la vida se mantenga en perfecto equilibrio ecológico. Son los espíritus de los elementos como el fuego, el agua, el aire y la tierra, así como de las plantas, las rocas, las montañas, etc.

Ésta no es en absoluto una lista exhaustiva de los distintos tipos de guías disponibles para ayudarte. Si necesitas más información sobre quiénes son tus guías, siempre puedes preguntarles y ellos te dirán todo lo que necesitas saber.

Cómo conectar con tus guías espirituales

Existen múltiples formas de conectarte con tus guías espirituales. Si nunca has tenido ninguna experiencia sobrenatural que sugiera que existen, no tienes por qué esperar a que ellos te contacten primero. Puedes ser tú quien inicie el contacto. Estas son las distintas formas de establecer una relación con tus guías.

Utilizar la meditación: Ya sabes lo básico sobre cómo meditar. Por lo tanto, si deseas utilizar la meditación como herramienta para conectarte con tu guía espiritual, establece una intención antes de comenzar el proceso. No te desanimes si no ocurre nada después del primer intento. Continúa tu práctica de meditación con tu intención al frente y en el centro de tu mente, y tarde o temprano, ellos se darán a conocer de la mejor manera y en el mejor momento.

A través de sueños y visiones: Los sueños son una excelente forma de establecer contacto con tus guías espirituales. Para algunos, ver manifestaciones físicas de fenómenos espirituales es un poco demasiado aterrador. Tus sueños son el escenario perfecto para un encuentro entre tú y tus guías espirituales. Esto se debe a que, por regla general, ya esperas que ocurran cosas extrañas en los sueños. Así que no te asustarás demasiado si ciertos seres se te acercan en sueños y te hacen saber que son tus guías.

¿Quieres conectarte con tus guías a través de los sueños? En ese caso, debes establecer la intención antes de acostarte cada noche y también llevar un diario a tu lado. En cuanto despiertes de tu sueño, escribe lo que hayan compartido contigo para que no lo olvides y puedas reflexionar sobre el mensaje más tarde.

Si eres clarividente o tienes alguna actividad con el chakra del tercer ojo, también puedes experimentar visiones. Piensa que estas visiones son similares a los sueños, excepto que tienen lugar durante tu estado de vigilia. Pueden ser tan breves como un destello rápido o tan largas como tus guías necesiten para transmitirte su mensaje.

Señales y sincronicidades: Tus guías espirituales te enviarán señales específicas, que podrían ser en forma de acontecimientos notables o fenómenos inusuales a tu alrededor, para hacerte saber que algo más está pasando o que ellos están presentes. Las señales pueden ser patrones de sucesos que se repiten, una corazonada o un empujón intuitivo. La ciencia también puede venir en forma de piel de gallina, vibraciones en el cuerpo y una repentina sensación de "saber" la verdad.

En cuanto a las coincidencias o sincronicidades significativas, son excelentes instrumentos para ayudarte a estar alerta ante el mundo espiritual y la presencia de tus guías. Recuerda que, cuando se trata de sucesos sincrónicos, su importancia o significado reside en su significado, no en la causa y el efecto. La sincronicidad puede manifestarse en forma de números angélicos que ves a tu alrededor. Podrías estar pensando en tu cuñado y, de repente, recibir una llamada suya.

Puede que tengas que tomar una decisión importante y te sientas confuso sobre si actuar o no. Entonces, de repente, tropiezas con un libro olvidado en un banco, con una frase resaltada en su página abierta que trata exactamente de lo que necesitas saber.

Cada vez que recibas estas señales y sincronicidades, haz una pausa y reconócelas. Agradece a tus guías que hayan llegado hasta ti y pídeles que se comuniquen contigo de forma aún más clara si te sientes perdido y confuso acerca de lo que significan.

Para mantener el flujo de información entre tú y tus guías espirituales a través de señales y sincronicidades, debes escribir un diario. Además, acostúmbrate a meditar cada vez que notes estas señales, especialmente si tienes tiempo y dispones de intimidad. Fija la intención de que estos mensajes sean cada vez más claros, y dejarás de cuestionarte lo que intentan decirte.

Escritura automática y canalización: Tus guías pueden comunicarse contigo a través de la escritura automática, que es una práctica en la que entras en un estado meditativo y luego, preparado con tu bolígrafo y papel o procesador de textos, escribes lo que fluye a través de ti sin ningún pensamiento. La canalización es lo mismo que la escritura automática, con la diferencia de que expresas los mensajes de tus guías en lugar de escribirlos. Algunos de los canalizadores más famosos conocidos por la comunidad espiritual son Esther Hicks, Darryl Anka y Jane Roberts.

Si quieres practicar la escritura automática, prepara primero tus herramientas de escritura. A continuación, establece tu intención de comunicarte con tus guías espirituales. Luego, empieza a meditar, concentrándote en tu intención. Cuando te sientas quieto y centrado, puedes empezar a escribir. Resiste la tentación de intentar comprender lo que fluye de ti. Incluso si el comienzo parece sin sentido, confía en que con el tiempo tendrá un significado, o el significado te será revelado más tarde cuando revises tus notas.

Si decides canalizar, harás lo mismo que con la escritura automática. Prepara una aplicación o dispositivo de grabación para registrar todo lo que vas a decir. Establece tu intención de comunicarte con tus guías espirituales y, a continuación, entra en tu estado meditativo. Una vez que te sientas centrado, empieza a hablar según te guíen. Una vez más, lo que venga a través de ti no tiene por qué tener sentido. Cuanto más practiques esto, mejor podrás captar las impresiones energéticas de tus guías espirituales e interpretarlas con precisión. Tu ego contaminará cada vez menos sus mensajes con sus prejuicios y suposiciones.

Adivinación: La adivinación es una práctica metafísica que consiste en descubrir lo que ocurrirá en el futuro o discernir lo que está sucediendo ahora o en el pasado. Se trata de captar información a la que sería imposible acceder por medios ordinarios. Puedes utilizar varias herramientas de adivinación para ponerte en contacto con tu guía espiritual si ése es tu deseo. Puedes utilizar runas, cartas del tarot, péndulos, etc. Antes de utilizar la herramienta que elijas, medita para centrarte, establecer tu intención y empezar a trabajar.

Puedes utilizar las cartas del tarot para ponerte en contacto con tus guías espirituales [16]

Las cartas del tarot vienen con dibujos y texto para que sepas lo que cada carta significa. Se usan barajándolas mientras piensas en la pregunta que quieres hacer o la haces en voz alta. Entonces, o bien sigues barajando hasta que una carta salga volando del mazo, o bien dejas el mazo y eliges una carta de donde te lleve la intuición. Aplica el significado de la carta a tu pregunta y tendrás la respuesta. Si no está clara, pide aclaraciones en voz alta, baraja el mazo una vez más y elige otra carta. Esta nueva carta ofrecerá más información de tus guías, aclarando la primera respuesta.

Las runas también tienen su significado. Sólo tienes que estudiar lo que implica cada una, lanzarlas y leer las respuestas de tus guías. Los péndulos son excelentes para recibir respuestas afirmativas o negativas a tus preguntas, así que considera estudiar cómo funcionan e invertir en uno bueno para tu práctica.

Consejos para facilitar la comunicación con tus guías

1. Lleva un diario con todos los mensajes que has recibido y las preguntas que tienes para tus guías.
2. Comprométete a confiar en tu intuición, y mejorarás en distinguirla de tus pensamientos y sentimientos habituales a diario.
3. Mantén sagrado el espacio donde conectas con tus guías espirituales. Si por alguna razón no puedes, siempre que vayas a practicar debes visualizar una luz blanca que limpie todas las energías negativas y viciadas de la habitación antes de empezar.
4. Aprende a ser paciente. Aprender a comunicarte con tu guía espiritual no es cosa de un día.
5. Pídeles que te den señales y te guíen siempre que puedas.

Sabes todo lo que hay que saber sobre cómo conectarte con tus guías espirituales. ¿Te interesa la idea de explorar diferentes líneas temporales? ¿Te gustaría saber qué hacías en tus vidas pasadas? ¿Sientes curiosidad por los acuerdos o contratos únicos que hayas podido firmar y de los que no seas consciente en esta vida presente? Sin duda, el próximo capítulo ha sido escrito para ti.

Capítulo 7: Líneas de tiempo, vidas pasadas y contratos de alma

"¡Deja de perder el tiempo! El tiempo apremia para que cumplas lo que viniste a hacer a la Tierra".

– Dolores Cannon, Las Tres Olas de Voluntarios y la Nueva Tierra

¿Qué sentido tiene explorar líneas de tiempo alternativas? ¿Por qué importan las vidas pasadas? ¿Siguen siendo válidos los contratos de alma si ni siquiera los recuerdas? ¿Siguen siendo vinculantes? Aprender sobre las líneas de tiempo, tus posibles vidas pasadas y los contratos de alma de los que puedes formar parte tiene muchos beneficios. Al examinar tus vidas pasadas y cualquier línea de tiempo paralela o alternativa, te comprenderás mejor a ti mismo. Crees que conoces toda tu fuerza, pero siempre hay más por descubrir. Cuanto más sepas sobre estos temas, más fácil te resultará captar los patrones de tu vida e identificar formas de crecer más allá de tus limitaciones.

Al examinar tus vidas pasadas y cualquier línea de tiempo paralela o alternativa, te comprenderás mejor a ti mismo [17]

Te guste o no, tus retos actuales están conectados con otras vidas que has vivido y que estás viviendo ahora mismo. Cuando comprendas lo que ocurrió en tus vidas pasadas, encontrarás la explicación lógica a esos obstáculos aparentemente insuperables con los que has tenido que lidiar en esta vida y resolverlos. Armado con este nuevo conocimiento, podrás curarte de traumas pasados, lo que te permitirá experimentar por fin el crecimiento en áreas en las que has estado estancado durante demasiado tiempo.

Conocer tus orígenes es una gran manera de descubrir tu sentido del propósito. Sabrás de dónde vienes y hacia dónde te diriges. Te resultará más fácil averiguar si estás viviendo de acuerdo con el verdadero propósito de tu alma o no.

Por último, teniendo en cuenta que todo el mundo tiene una historia más allá de lo que se conoce en esta encarnación presente, te resulta más fácil sentir compasión por ellos. Te das cuenta de que son la suma de todos los personajes que han interpretado a lo largo de sus vidas, igual que tú eres el resultado de lo que has sido.

¿Vives varias vidas?

Lo primero que debes entender sobre la existencia es que el tiempo es una ilusión. Puede parecer que estás viviendo una sola vida, pero tienes más de una. Según Dolores Cannon, ahora mismo estás viviendo muchas vidas simultáneamente. ¿Recuerdas la idea de la reencarnación? Es el concepto espiritual de que, cuando falleces, regresas a la Tierra como una persona diferente para aprender nuevas lecciones o encarnar un nuevo personaje.

Si el tiempo no es lineal y todo existe ahora, entonces eso sugeriría que la idea de vidas pasadas es realmente lo mismo que vidas paralelas. Lo que la gente suele llamar "vidas pasadas" son encarnaciones paralelas. Así que, mientras lees, ten en cuenta que ambos términos pueden ser utilizados indistintamente en este capítulo.

Lo que la gente suele llamar "vidas pasadas" son encarnaciones paralelas[18]

Simplemente no eres consciente de estas otras vidas a menos que te asomes a ti mismo a través de regresiones a vidas pasadas o sueños. Tu conciencia se centra principalmente en tu encarnación actual en la Tierra, pero eso no niega la existencia de las otras versiones de ti. Para entender cómo funciona esto, investiga el trabajo de Jane Roberts sobre la idea de la sobrealma y sus esquirlas.

Como tu cuerpo está hecho de múltiples partes y órganos, y cada órgano está hecho de múltiples células, tú eres una parte de un número insondable de vidas, todas conectadas a una sola alma. Dicho de otro modo, si tu superalma es el océano, tu conciencia actual de esta encarnación es una de las gotas. Eres el punto más pequeño de una conciencia mayor y más grandiosa a la que actualmente tienes acceso de forma consciente. Por lo tanto, a medida que continúas tu evolución espiritual y tu conciencia se expande, comienzas a identificarte en otros individuos. La verdad sobre tu ser completo es que está en el plano de Dios donde todo está unido. No hay dualidad ni separación. Todo es una y la misma conciencia.

¿Cómo puedes estar seguro de que la idea de múltiples líneas de tiempo es una realidad válida? La difunta Dolores Cannon realizó un increíble trabajo en este campo. Trabajando con hipnosis, fue capaz de ayudar a miles de personas con regresiones a vidas pasadas. A lo largo de todas estas sesiones, cada participante le dio narraciones increíblemente detalladas de sus vidas pasadas a través de diversas culturas y épocas. Algunas de estas personas incluso hablaron de vidas pasadas en otros planetas. La consistencia de los resultados que ella obtuvo de sus sesiones indica que no había ninguna fabricación o fantasía implicada. ¿Por qué? Cada historia que fue compartida con Canon fue posteriormente verificada usando investigación histórica.

Las personas que trabajaron con Dolores Cannon se beneficiaron enormemente de las sesiones de regresión. Encontraron el hilo conductor entre lo que experimentaron en sus vidas pasadas o paralelas y lo que estaban afrontando en sus vidas presentes en términos de fobias, desafíos y dones o talentos que inexplicablemente tienen. Cuando estas personas revisitaron sus vidas pasadas, pudieron resolver el trauma que experimentaron entonces. Como resultado, su encarnación actual mejoró. Experimentaron una profunda curación y se sintieron más ligeros y libres debido a la liberación emocional de estas sesiones.

Una cosa interesante que todos señalaron fue su conexión con el mismo conjunto de almas a través de las vidas, independientemente del escenario o la edad. Estas almas cambiaban de papel de una vida a otra, pasando de amigos a familiares y a veces a enemigos. Esto nos lleva a preguntarnos qué sentido tienen estos dramas repetidos y las representaciones de situaciones a través de las reencarnaciones.

El sentido es la evolución del alma. Con cada encarnación, ya sea que elijas llamarla vida paralela o vida pasada, aprendes nuevas lecciones importantes que te hacen avanzar hacia el siguiente nivel de tu desarrollo espiritual. A medida que cada persona sigue desarrollándose hacia su Yo Superior, contribuye al crecimiento del colectivo.

Tu alma no está limitada por el tiempo lineal. Experimenta múltiples realidades simultáneamente. También existe en múltiples dimensiones. Cuando mueres después de jugar tu papel en una encarnación, hay una etapa intermedia conocida como la *Revisión de Vida*. Esta etapa es crítica porque es donde repasas las lecciones que has aprendido de la vida que acabas de dejar atrás. Es donde experimentas tu vida a través de los ojos de todas las personas con las que has interactuado. También podrás conectarte con tus seres queridos de varias vidas y planificar cuál será tu próxima encarnación en esta etapa. La Revisión de Vida no se limita al concepto terrenal del tiempo.

Ahora te estarás preguntando, ¿cuántas reencarnaciones tienes? El trabajo de Dolores no confirmó ningún punto específico en el que ya no tendrás que encarnar. El proceso de reencarnación no termina hasta que tu alma llega a un punto en el que no necesita experiencias físicas para su expansión continua. Cuando alcance este punto, no necesitará aparecer en este universo 3D. Eso no significa que el alma deje de existir, sino que pasa a otras aventuras más grandiosas que están más allá de la comprensión humana. Tu alma pasa a planos donde existe no físicamente.

¿Por Voluntad o por Fuerza? Todo sobre los contratos de alma

Tu alma eligió deliberadamente encarnarse en la Tierra. Algunos dicen que sólo te mantienen atado a la Tierra unos seres conocidos como arcontes, que son quienes fingen ser tus seres queridos esperándote en la luz al final del túnel cuando falleces. Dicen que estos arcontes están aquí para atraparte en la rueda de la reencarnación, de modo que estés condenado para siempre a esta experiencia tridimensional, y nunca debas ir hacia la luz.

Según el trabajo realizado por Dolores Cannon, está claro que tú decidiste deliberadamente reencarnarte aquí. Esto no ocurre por casualidad, ni se trata de un castigo o engaño. Tu alma es eterna, y su objetivo o deseo es conocerse a sí misma. No hay mejor manera de conocerte a ti mismo que probarte muchos papeles diferentes y ver quién eres en esos zapatos. El deseo de conocerte a ti mismo es natural porque proviene de la Unidad, la Fuente Divina.

Recuerda que, al principio, no había nada ni nadie más que el creador, que era Todo-Lo-Que-Es. La única manera de que Todo Lo

Que Es pudiera conocerse a sí mismo era experimentar la dualidad en lugar de su unidad predeterminada. Por lo tanto, creó Todo-Lo-Que-No-Es. Tu alma es parte de Todo-Lo-Que-No-Es, en última instancia Todo-Lo-Que-Es, y de dónde vienes. Puesto que la Fuente desea conocerse a sí misma a través de ti, tú también buscas conocerte, y lo haces a través de tus encarnaciones y evolución constante.

Ahora es el momento de hablar de los contratos del alma. Tomar la decisión consciente de resurgir en una nueva encarnación significa entrar en un contrato único. No es un trozo de papel. Es simbólico de un acuerdo que tienes entre tu alma, grupos de almas y guías espirituales. Este contrato esboza claramente todo lo que pretendes aprender del viaje o de la próxima encarnación. Este acuerdo simbólico contiene cada experiencia significativa que estás destinado a encontrar y los patrones que se repetirán en forma de karma para que puedas resolverlos en esta nueva encarnación.

No hay razón para aterrorizarse ante el concepto de un contrato del alma porque es una hoja de ruta que te permite saber qué oportunidades tienes para crecer y convertirte en una versión aún más grandiosa de la persona que eres. La palabra "contrato" hace que parezca que no tienes más remedio que seguir ese plan concreto, pero hay mucho margen para la flexibilidad y la innovación.

Según tu contrato de alma, tu alma eligió estar en la Tierra [19]

A pesar de la existencia de este acuerdo, tienes libre albedrío. Tú decides qué opciones tomar. Sólo tú decides cómo afrontar los retos que se te presentan. Tú decides si responder a la llamada de la divinidad o ignorarla. Claramente, has elegido la primera opción porque todavía estás leyendo este libro. Cada elección es crítica para el crecimiento de tu alma y, en última instancia, determinará si tu contrato se cumplirá o no al final de esta encarnación.

Una buena pregunta que puedes estar haciéndote es por qué es necesario incluir retos en este contrato. Seguro que debe haber otras formas de aprender una lección sin dificultades ni obstáculos, ¿verdad? Puede que te resulte beneficioso cambiar tu actitud y tu percepción de los retos. Cada reto y obstáculo al que te enfrentas en la vida es una oportunidad para que tomes decisiones que te ayuden a crecer. Es como ir al gimnasio. Las pesas que levantas son un reto, pero sigues levantándolas y te haces más fuerte con el tiempo. Más adelante podrás manejar cosas más pesadas.

Si no recuerdas nada más, date cuenta de que el contrato de tu alma no está grabado en piedra. Dependiendo de tus experiencias y de las elecciones que debas hacer, podrías encontrar lecciones extra que no formaban parte del contrato y podrías inspirarte para renegociar ciertas partes de ese contrato, trabajando con tus guías espirituales y tu yo superior que supervisan el proceso. Recuerda, tú eres el observador. Siempre tienes libre albedrío, y todo el sentido de tu existencia es la evolución constante de una encarnación a la siguiente, incluso dentro de encarnaciones individuales.

Casos de estudio

La mejor manera de apreciar la regresión a vidas pasadas es aprendiendo de historias reales y casos de estudio de personas que han explorado los recuerdos de otras encarnaciones. A partir de sus historias, descubrirás cómo las vidas pasadas siguen influyendo en las presentes.

James Leininger: La historia de James es interesante y se centra en una serie de pesadillas que empezaron a atormentarlo a la tierna edad de dos años. Noche tras noche, soñaba con estar en un accidente de avión y con los últimos momentos antes de perder la vida.

Con el tiempo, James comenzó a compartir más detalles de sus pesadillas con sus padres. Lo que les contó los dejó horrorizados. Su hijo estaba convencido de que había sido piloto en otra vida. Por desgracia, su nave fue derribada mientras volaba.

El nivel de detalle que James recordaba llevó a sus padres a la conclusión de que debía de estar describiendo una experiencia real. Entre otros muchos detalles, les dijo el nombre del avión que había pilotado, el portaaviones y el nombre completo de uno de sus amigos que había estado en el servicio con él.

Tras investigar un poco, descubrieron muchos paralelismos entre lo que James les había contado y la vida de otro James de otra época: James M. Huston Jr. Se trataba de un piloto que había servido en la Segunda Guerra Mundial y había fallecido décadas antes de que naciera el James actual.

Doscientos niños: El ex jefe del Departamento de Psiquiatría de la Facultad de Medicina de la Universidad de Virginia, el doctor Ian Stevenson, había documentado minuciosamente unos 200 casos de niños que tenían marcas de nacimiento que coincidían con heridas que habían sufrido las personas que creían ser en sus vidas pasadas.

Ian cruzó las marcas de nacimiento de estos niños con los historiales médicos de las personas fallecidas que los niños afirmaban haber sido en sus vidas pasadas. Uno de los niños era un chico que recordaba haber sufrido un disparo en la cabeza. Para dar más credibilidad a su historia, tenía marcas de nacimiento en la parte delantera y trasera de la cabeza, los puntos de entrada y salida de la bala que había provocado su muerte. Ian también se topó con una mujer que afirmaba haber sido golpeada tres veces con un hacha antes de fallecer. ¿Adivina qué tenía? Tenía tres líneas en la espalda.

A medida que Ian continuaba su investigación, se dio cuenta de que un gran número de los niños que recordaban vidas pasadas tenían inexplicables marcas de nacimiento que no podían explicarse por ninguna infección, genética o cualquier causa lógica. Sus descubrimientos revelaron que el 35% de estos niños sufrían fobias que coincidían con las circunstancias de sus muertes en vidas pasadas. Por ejemplo, si un niño recordaba haber sido arrojado desde una gran altura, lo más probable era que ahora tuviera fobia a las alturas.

Otra cosa fascinante que descubrió fue que muchos de estos niños parecían tener preferencia por la ropa o la comida de culturas específicas, de las que decían haber formado parte en sus vidas anteriores. Su trabajo aporta abrumadoras pruebas de que las vidas pasadas son reales.

Jenny Cockell: Desde que Jenny era pequeña, empezó a experimentar vívidos detalles de una de las vidas que había vivido en su pasado, a principios del siglo XX. Recordaba haber sido una irlandesa llamada Mary Sutton. Jenny no sólo recordaba sus experiencias personales como Mary, sino también las de los hijos de Mary, con los que aún se sentía profundamente unida.

Jenny se sintió lo bastante intrigada como para emprender un viaje en busca de las personas a las que consideraba familia en su vida pasada como Mary. Tras mucho tiempo e investigación, acabó rastreando su identidad hasta Irlanda. Pudo reunirse con esas personas y le confirmaron que sus recuerdos no eran fantasiosos, sino exactos hasta el más mínimo detalle.

Una técnica de regresión para conectarte con tu vida pasada

¿Quieres explorar tus vidas pasadas? Aquí tienes una excelente técnica basada en el trabajo de Dolores Cannon. Ella inventó un interesante método de hipnosis llamado Técnica de Hipnosis Curativa Cuántica (QHHT), que es excelente para la regresión a vidas pasadas, y la siguiente técnica se encuentra basada en su trabajo.

1. Ponte en un estado de meditación relajado utilizando el ejercicio de meditación que aprendiste en un capítulo anterior. Puedes sentarte o recostarte. Tú eliges.

2. Cuando tu cuerpo esté totalmente relajado, imagínate en un lugar tranquilo. Puede ser una cabaña en el bosque, la playa, un bosque o cualquier otro lugar. Debe ser un lugar en el que te sientas seguro y tranquilo.

3. Desde este lugar seguro en tu imaginación, establece tu intención de explorar cualquier vida pasada que sea más relevante para tu encarnación actual. Puedes solicitar la ayuda de tus guías o de tu Yo Superior y decirles que te muestren lo que necesitas ver, que será útil para la evolución de tu alma.

4. Mientras estés en este espacio, permite que tu mente viaje. No intentes controlar a dónde van tus pensamientos. Permite que los sentimientos, las impresiones y las imágenes vengan a ti libremente. Las escenas que veas pueden aparecer en el espacio

que has imaginado, o puedes ser transportado a un lugar completamente diferente. No tengas expectativas. Deja que las cosas se desarrollen como quieran.

5. Cuando hayas terminado, vuelve a tu cuerpo físico, respira hondo unas cuantas veces para enraizarte y abre los ojos lentamente.
6. Escribe cada pensamiento en tu diario lo antes posible para reflexionar sobre él más tarde.

Ahora sabes cómo comprobar lo que ocurre con tus vidas pasadas o paralelas. Entiendes la importancia de hacer esto para que tu vida presente pueda ser más satisfactoria y puedas ejecutar tu contrato de alma impecablemente. Entonces, ¿qué es lo siguiente? Es hora de descubrir tu propósito superior.

Capítulo 8: La revelación de tu propósito superior

"No te centres en lo que él o ella hace, sino en mantener tu propósito superior. Tu propio propósito debe buscar la armonía con la propia naturaleza. Porque este es el verdadero camino hacia la libertad".

– Epictetus

Ahora que tienes una idea clara del viaje de tu alma a través de la conciencia y el infinito y conoces a tus guías y a tu Yo Superior, ha llegado el momento de descubrir tu propósito superior. ¿Es algo que sigue eludiéndote? ¿Te sientes confuso sobre el sentido de tu existencia en este planeta?

Es hora de encontrar el sentido de tu existencia [30]

Has comprendido que, en última instancia, estás al servicio de un objetivo de expansión, pero la pregunta es: ¿qué se supone exactamente que debes hacer para que eso ocurra? ¿Dónde encontrarás la respuesta a ese rompecabezas cósmico? Este capítulo te dará técnicas útiles para ayudarte a encontrar una forma específica de expresar tu auténtico yo para vivir tu propósito aquí en la Tierra.

Por qué debes mirar hacia dentro

Descubrir el propósito último de tu alma no es algo sencillo. Aunque hay varias modalidades que puedes utilizar para llegar a la verdad de tu existencia, no es algo tan fácil como seguir una guía paso a paso. Estaría bien que fuera tan fácil como seguir las instrucciones de una cena congelada, meterla en el microondas y dejar que se caliente hasta que llegue el momento de sacarla.

El propósito de tu alma no se encuentra en un libro ni en una película. La razón por la que no es tan sencillo es que tu alma tiene una sabiduría que va más allá de las palabras y la lógica. No le importa lo que tu mente crea que desea.

En la búsqueda del propósito de tu alma, podrías hablar con tantos gurús como quisieras, leer todos los libros que existen y escuchar interminables horas de podcasts, pero todo ese trabajo nunca podría superar al trabajo interior. El propósito de tu alma está en ti, lo que significa que no hay otro lugar donde buscar que en tu interior.

El problema de confiar en una fuente externa de información es que sólo conseguirás una alineación superficial. Te estás asignando artificialmente algo que te apasiona. Si profundizas, te darás cuenta de que este "propósito" no resuena con tu auténtico yo. Puede que empieces con brío y entusiasmo, pero con el tiempo, notarás una creciente sensación de insatisfacción y vacío en tu corazón.

La definición de tu propósito original nunca debe dejarse en manos de fuerzas externas. Has venido aquí con un proyecto único sobre cómo debes vivir tu vida. Perderás tu agencia si buscas las respuestas fuera de ti mismo. Esta es la razón por la que muchos se quejan de sentirse perdidos.

Cuando permites que el mundo exterior o tus circunstancias dicten lo que haces con tu vida, vivirás una vida sin sentido. No has venido aquí para conformarte. Has venido a transformarte, y sólo puedes hacerlo siendo tú mismo.

Cuando empieces a buscar el propósito de tu alma, debes tener un sentido de reverencia. Tienes que permanecer abierto, confiando en que todo lo que se te revele sea para tu mayor bien. Necesitas el estado de ánimo adecuado. Si te tomas en serio lo de saber por qué estás aquí, debes cultivar un estado mental que sea tranquilo y claro. Esto significa que es hora de dejar de lado distracciones como tu aplicación favorita de redes sociales. También tienes que dejar de hacer otras cosas que sabes que se interponen en el camino de encontrar tu por qué. Ya sabes cuáles son. Tu alma te lo está diciendo ahora mismo.

Un último punto antes de sumergirnos en las diferentes modalidades de exploración del propósito del alma es que el proceso es un viaje. No es algo que esté grabado en piedra. En determinados momentos de tu vida, el propósito de tu alma evolucionará, y es tu trabajo mantenerte en sintonía con él y seguir su evolución.

Meditación sobre el propósito del alma

El mundo está lleno de gente estresada. El estrés es una de las razones por las que a la gente le resulta difícil descubrir el propósito de su alma. La vida moderna está llena de distracciones y alternativas pobres e inferiores a los dones espirituales y la exploración. Probablemente hay un televisor en tu casa. ¿Cuántas veces la has utilizado para adormecerte en lugar de escuchar a la parte de ti que te pide que te desconectes y te sientes en silencio?

Si lo piensas un poco, te darás cuenta de que los humanos nos hemos convertido en androides. ¿Por qué? Casi todo el mundo tiene un teléfono móvil, ese pequeño rectángulo que bien podría llamarse Central de Distracciones. Muchos están preocupados por la inteligencia artificial sin darse cuenta de que ya gobierna sus vidas a través de ese pequeño aparato que llevan encima.

A primera vista, puede parecer que el acceso a la información digital procedente de una amplia gama de fuentes es algo positivo. Sin embargo, eso puede llevar rápidamente al agobio. Recibes todo tipo de ideas de todos los sitios y, de repente, dejas de ser tú mismo. Te conviertes en un loro, repitiendo las perspectivas de los demás sin pensar en las tuyas.

Incluso si decides dejar el teléfono y salir a pasear, los carteles publicitarios de todas partes compiten por tu atención. Hay tanto ruido en el mundo que es difícil escuchar tu interior. Por eso la meditación es uno de los caminos perfectos para descubrir tu propósito.

La meditación diaria te ayuda a reducir tus niveles de estrés, poniéndote en un estado mental en el que es más fácil captar lo que tu yo superior te está compartiendo. Te desprendes de todas las opiniones, ideas y perspectivas que no son tuyas y te quedas sólo con tu *Ser.*

La meditación también es útil porque te anima a autorreflexionar y a mejorar tu autoconciencia. Si no puedes hacerlo, no escucharás los impulsos intuitivos que recibes de la Divinidad. Dicho todo esto, aquí tienes una meditación que te ayudará a reconectar con el propósito de tu alma y a expresar tu yo superior. Estas instrucciones te ayudarán a descubrir tu propósito más elevado.

1. Asegúrate de que no llevas nada incómodo o apretado.
2. Busca un lugar tranquilo, alejado de distracciones y molestias. Si te sientas o te recuestas durante la meditación, depende de ti. Siéntate o recuéstate, pero elige una postura en la que permanezcas despierto.
3. Cierra los ojos y centra tu atención en la respiración. Respira lenta y profundamente. Inhala cuatro veces, mantén la respiración otras cuatro y exhala cuatro veces. ¿Te resultan incómodas las cuentas? En ese caso, inspira hasta que se te suba el vientre, aguanta la respiración todo lo que puedas y luego espira. Puede que notes que la exhalación es más larga que la inhalación. Es natural.
4. Cuando te sientas centrado, imagínate rodeado de una luz blanca. Esta luz se siente cálida en tu piel. Llena tu corazón de paz sagrada y alegría. Es la luz de tu ser superior.
5. Di en tu mente o en voz alta: "Gracias por mostrarme el propósito de mi alma". Mientras repites esto como un mantra, contempla lo que estás diciendo. Al dar las gracias, estás asumiendo y aceptando que ya has recibido la respuesta que buscas. Así es como aprendes tu propósito, si no en esta sesión, en los próximos días y semanas.
6. Mientras repites este mantra, deja que la luz te envuelva y que te llene también por dentro.
7. Continúa disfrutando del sentimiento de gratitud hasta que termines la sesión de meditación. Algunos días, cuando no dispongas de tiempo suficiente, te será útil utilizar un temporizador. En otros, puedes seguir sumiéndote en este sentimiento de agradecimiento todo el tiempo que quieras.

8. Cuando estés preparado, vuelve a centrar tu atención en la respiración. Sé más consciente de tu cuerpo. Mueve un poco los dedos de las manos y de los pies para conectarte con la tierra. Cuando estés preparado, abre los ojos.
9. Toma tu diario y escribe sobre tu experiencia, incluyendo ideas y cualquier visión o sensación que hayas tenido.

Antes de pasar al siguiente método para descubrir el propósito de tu alma, por favor, entiende que esto no suele ser algo que la gente descubra en un día. Eso no quiere decir que es imposible tener esa experiencia después de tu primera sesión de meditación con esta intención, pero es importante conservar la perspectiva correcta y no presionarte con expectativas poco realistas. Mantén una actitud de confianza, de despreocupación divina, por así decirlo.

Has puesto la intención, y una cosa sobre las intenciones es que deben cumplirse. Cada vez que surja en tu mente la pregunta de qué se supone que debes hacer con tu vida, salúdala con agradecimiento en tu corazón. Considera los momentos en los que te sientes confuso acerca de tu propósito como los dolores de parto de su revelación y elige en su lugar sentirte emocionado. Esto acelerará la manifestación de tu respuesta.

Escritura automática para acceder al plan de tu alma

Algunos lo llaman escritura automática. Otros lo llaman psicografía. En cualquier caso, es la práctica de entrar en ti mismo para extraer la sabiduría que está más allá de tu percepción consciente. Es conectarte con tu alma y tu Yo Superior para aprender lo que es esencial saber en este momento de tu vida. La escritura automática es una hermosa manera de averiguar qué se supone que debes hacer con tu tiempo en la Tierra. Ya sea que pienses que esta inteligencia proviene de tu alma, de tu Yo Superior, de tu mente subconsciente o de Dios, con la escritura automática estás permitiendo que la inteligencia de la Fuente Divina fluya a través de ti.

Hay muchas razones para aprovechar la escritura automática.
1. Induce a un estado de calma, que te enraíza en el presente.
2. Experimentarás una claridad fuera de lo común.

3. Recibirás orientación de las mejores fuentes a través de esta práctica.
4. Tus chakras del tercer ojo, la garganta y el corazón se abrirán y funcionarán aún mejor a medida que practiques.
5. Desarrollarás una confianza más sólida en tu intuición y tu instinto.
6. Tomarás decisiones más sabias que antes.
7. Tus habilidades psíquicas también mejorarán.

A medida que practiques la escritura automática, la encontrarás increíblemente reveladora. Además, en el proceso de expresar los mensajes de tu conciencia superior, te curarás a muchos niveles. Muchos de los bloqueos mentales, problemas físicos y estancamiento que la gente experimenta en la vida provienen de negarse a expresar su yo interno. Mediante la escritura automática, permites que la energía de la fuente fluya a través de ti, y esta energía cura automáticamente todas las heridas y abre todos los bloqueos.

¿Cómo practicas la escritura automática? Concretamente, ¿cómo puedes utilizar este proceso para ayudarte a determinar el propósito de tu alma? Es un proceso sencillo. Originalmente, esta práctica se realizaba con papel y bolígrafo, pero con la nueva tecnología, no hay razón para no utilizar una aplicación de procesamiento de textos. Algunas personas prefieren hacerlo a la antigua usanza, con papel y bolígrafo, porque hay algo en el proceso de escribir que les resulta orgánico y los ayuda a dejar que los mensajes fluyan sin obstáculos. Depende de ti practicar y ver qué prefieres.

Si quieres sacar el máximo partido de la escritura automática, debes olvidarte del tiempo. No esperes tener que expresar todo lo que debes aprender en cuestión de minutos. Es un proceso que llevará el tiempo que haga falta. Si te presionas tratando de encajarlo todo en un tiempo concreto, dificultarás que captes lo que tu Yo Superior te está diciendo. Sigue estos pasos para utilizar la escritura automática y descubrir el propósito más grandioso de tu alma.

1. Prepara el material con el que vas a tomar apuntes. Si vas a tomar notas con un dispositivo digital, ponlo en modo avión y configúralo en "No molestar" para que no te distraiga ninguna notificación.
2. Concentra tu atención en tu intención.

3. Tómate unos minutos para centrarte meditando. Al igual que la meditación, la escritura automática requiere de un entorno libre de distracciones y perturbaciones. Por lo tanto, si necesitas informar a otras personas con las que convives de que necesitas unos momentos a solas, hazlo.
4. Ahora que estás con los pies en la tierra, toma tu material de escritura.
5. Desde este estado de calma, escribe tu intención, que es descubrir tu propósito más elevado. Si lo prefieres, puedes formularlo como una pregunta.
6. Sigue escribiendo tu intención o pregunta una y otra vez mientras mantienes tu estado mental centrado y una suave concentración en lo que estás haciendo. También puedes escribir la pregunta una sola vez y mantenerla en tu mente. Espera a que lleguen los mensajes.
7. En algún momento, sentirás el impulso de escribir algo. Déjate llevar.
8. Durante todo este proceso, tu mente debe estar relajada. Aquí no hay lugar para la lógica, así que no sientas que lo que sale en las páginas debe tener sentido. Aunque al principio todo sean garabatos, confía en que con el tiempo te llevarán a algo profundo.
9. En algún momento, sentirás que no hay nada más que dar. Cuando esto ocurra, no te desanimes ni intentes forzar la continuación del proceso. En lugar de eso, da las gracias a tu Yo Superior y luego revisa lo que has escrito.

Descubrir tu propósito a través de la psicografía puede requerir más de unas pocas sesiones, pero funciona eficazmente. Tus expectativas lo son todo. No interpretes una sesión aparentemente infructuosa como una señal de que esto no funciona. Si lo haces, puede que te des por vencido. Mantener tus expectativas positivas y confiar en que ya tienes la respuesta es una forma segura de obtener resultados. Es sólo cuestión de tiempo.

Encontrar tu propósito a través de viajes chamánicos

No hay ninguna razón por la que no puedas descubrir el plan maestro de tu vida mediante un viaje chamánico. Después de todo, es una excelente manera de conocer a tus guías y otros seres sabios y atemporales que definitivamente saben más acerca de cómo funciona la vida y por qué estás aquí ahora como la personalidad que eres.

Si eliges practicar el viaje chamánico para aprender el propósito de tu alma, lo mejor es ir al Mundo Inferior. Este mundo está asociado con un profundo nivel de transformación que resulta de la introspección.

Una de las principales razones por las que muchas personas no viven al máximo de su potencial o no exploran su propósito es el miedo. Saben que podrían ser mucho más, pero las frenan las implicaciones de lo que significaría encarnar plenamente su yo. Por eso el Reino Inferior es el mejor lugar al que acudir. Allí puedes enfrentarte cara a cara con tus miedos, descubrir qué sucesos traumáticos del pasado te están frenando y curarte de ellos.

Al igual que una semilla debe plantarse en la tierra antes de brotar hacia el cielo, tú también debes ir primero al vientre del Mundo Inferior para encontrar tu porqué. No tienes que hacerlo solo. Te acompañarán tus guías. Así es como funciona el proceso.

1. Debes encontrar un lugar tranquilo, libre de perturbaciones y distracciones. Si te ayuda, puedes crear el ambiente adecuado atenuando las luces, utilizando velas, encendiendo incienso o cualquier otra cosa que te haga sentir en sintonía con el reino espiritual.
2. Pon de fondo una melodía de tambores chamánicos o concéntrate en el sonido y la sensación de los latidos de tu corazón.
3. Recuéstate o siéntate cómodamente. Cierra los ojos y concéntrate en respirar profunda y relajadamente, liberando la tensión con cada exhalación.
4. Cuando te sientas centrado en el momento, imagina una burbuja de brillante luz blanca dorada que te rodea, manteniéndote seguro y protegido para el viaje que se avecina.

5. Lleva tu mente a tu intención. Recuerda que el objetivo de este viaje es descubrir el propósito más elevado de tu alma. Expresa tu intención con firmeza y suavidad.
6. Visualízate en la base del árbol más grande que puedas imaginar. Observa la abertura en la base del árbol. Camina hacia ella y entra por la abertura.
7. Ahora estás dentro del tronco del árbol. Fíjate en las escaleras que bajan al Reino Inferior. Desciende con atención, sintiendo cada escalón bajo tus pies. Percibe la sensación de adentrarte cada vez más en el núcleo del universo.
8. A medida que desciendas, notarás que el mundo que te rodea está cambiando. Esto te indica que te estás acercando a tu destino.
9. Ya has llegado. Tómate un momento para mirar a tu alrededor y estudiar lo que ves. Fíjate en el entorno y en los seres sensibles que te rodean, humanos o no, y confía en que estás a salvo y protegido.
10. Declara tu intención de encontrarte con tus guías a medida que te adentras en este reino. Cuando aparezcan, lo sabrás porque su energía te resultará familiar y segura.
11. Una vez que te encuentres con tus guías, pregúntales sobre el propósito de tu alma. Presta atención a cómo te sientes y a los pensamientos que surgen después de preguntar. No siempre recibirás la comunicación mediante palabras. A veces, será como un bloque de pensamiento que llega a tu mente, y otras veces, será simplemente un sentimiento o energía. Sea lo que sea lo que recibas, confía en que es tu respuesta.
12. Si la respuesta parece poco clara, no dejes que eso te desanime. En lugar de ello, da las gracias a tus guías por ofrecerte su tiempo y su orientación. Pídeles que te aclaren el significado de su mensaje en los próximos días y semanas, y dales las gracias por hacerlo. Agradéceles también su presencia.
13. Regresa a la entrada del Reino Inferior y sube las escaleras. Una vez fuera del Árbol del Mundo, dale las gracias por permitirte el acceso al Reino Inferior.
14. Vuelve a centrar tu atención en la respiración. Mueve los dedos de los pies y de las manos para estar más presente en tu cuerpo. Cuando estés preparado, abre los ojos.

15. Toma tu diario y anota todos los recuerdos y sensaciones que hayas recibido durante el viaje. Tómate unos momentos para reflexionar sobre el significado del mensaje que recibiste, poniéndolo en el contexto del descubrimiento de tu razón de ser.

Ten en cuenta que es posible que no obtengas la imagen completa del mensaje que te transmite tu guía después de una o dos sesiones, pero no es algo de lo que debas preocuparte. Vive cada día con la intención de descubrir y comprender su mensaje más que antes. Presta atención a los empujones y señales intuitivas que te lleguen. Así es como su respuesta se desplegará y te resultará más clara.

Adivinar el porqué de las cosas

Ya has aprendido un poco sobre la adivinación y cómo funciona. Es una forma excelente de averiguar por qué estás aquí. Podrías trabajar con lecturas de tarot, que requieren cartas de tarot. Estas cartas incluyen los Arcanos Mayores y Menores, y cada una tiene su propio significado.

Las runas son otra opción excelente, ya que cada una representa un tema, una palabra y un sonido. Tanto si eliges las cartas del tarot como las runas, podrías interpretarlas individualmente o utilizar grupos de cartas o runas para ofrecerte un contexto.

Las runas pueden ofrecer algo de contexto [21]

Uno de los métodos más fáciles y accesibles para estas prácticas es la lectura del péndulo. Necesitarás un péndulo, un objeto con peso que cuelga del extremo de un hilo. Puedes comprar uno o crear uno sencillo en casa utilizando un trozo de hilo y una llave con un agujero. Pasa el hilo por el agujero y átalo con un nudo. Ya tienes un péndulo improvisado. ¿No tienes llave? No hay problema. Cualquier otro objeto pesado que puedas colgar del hilo te servirá. A continuación te explicamos cómo utilizar tu péndulo:

1. Entra en un estado de meditación.
2. Toma el péndulo con las dos manos, cuerda y pesa incluidas.
3. Inhala luz blanca dorada sobre el péndulo tres veces, imaginando que eso lo limpia de todas las energías que no te servirán. Así es como lo consagras para tu uso exclusivo y te aseguras de recibir mensajes de tu Yo Superior y de otros guías que desean cosas buenas para ti.
4. Sujeta el péndulo con la mano dominante. Deja que el peso cuelgue libremente, balanceándose a su antojo.
5. Ahora es el momento de "calibrar" tu péndulo. Hazle una pregunta que sólo pueda responderse con un sí, como: "¿Me llamo (tu nombre aquí)?". Espera y observa cómo se mueve.
6. Hazle una pregunta que sólo pueda responderse con un no, como "¿Tengo dos cabezas?". Observa cómo se mueve.
7. Hazle dos series más de preguntas de "sí" y "no" para que sepas lo que implica cada movimiento.
8. Ahora que te has conectado con tu péndulo y sabes cómo se mueve para decir sí y no, establece tu intención de aprender sobre el propósito de tu alma.
9. Pregúntale a tu péndulo si tu Yo Superior y tus guías espirituales están presentes.
10. Si tu péndulo oscila afirmativamente, comienza a hacer preguntas simples de sí o no sobre el propósito de tu alma. Por ejemplo, puedes preguntarle si estás destinado a trabajar en la industria del entretenimiento. Si la respuesta es "no", sigue preguntando sobre otros sectores hasta que la respuesta sea "sí".

Para aprovechar al máximo este método, puedes preguntarte en qué cosas eres bueno por naturaleza, porque lo más probable es que formen parte de tu gran diseño y del plan de tu alma.

5 consejos para saber por qué estás aquí

Ahora tienes varias herramientas que puedes utilizar para descubrir tu propósito. Independientemente de la que elijas, los siguientes consejos te ayudarán a conseguirlo.

1. **Presta atención a las cosas que te producen alegría:** Son pistas sobre lo que estás destinado a hacer. Cuando las descubras, escribe sobre ellas en tu diario y busca formas de incorporarlas a tu vida cotidiana y compartirlas con los demás.

2. **Dedica tiempo a meditar todos los días:** Esta práctica es como una lija, que pule todas las asperezas innecesarias que impiden que tu propósito brille con intensidad. Te ayudará a ver lo que importa y lo que no. Las respuestas que buscas están en la quietud, el silencio y la soledad.

3. **Sé creativo:** No necesitas ser el mejor artista, cantante, escritor, pintor o lo que sea. Sólo tienes que encontrar la manera de sacar tu lado creativo cada día. Todo el mundo lleva dentro una capacidad creativa. Exprésate a través del arte y encontrarás pistas sobre lo que le importa a tu alma.

4. **Pasa tiempo en un entorno natural:** La naturaleza es un don poderoso. Cuanto más tiempo pases en un entorno natural, más fácil te resultará captar los deseos y planes de tu alma. Tu Yo Superior siempre te está hablando. Tanto si eliges estar en la montaña, en la orilla del mar o en el corazón del bosque, notarás que la naturaleza agudiza tus oídos internos para escuchar la guía que llevas dentro.

5. **Mantén la mente abierta:** Si siempre has preferido la rutina, es hora de sacudir las cosas. Si siempre dices no a lo nuevo y desconocido, es hora de preguntarse por qué. ¿Podría ser que tu ego sepa que es ahí donde reside tu verdadero propósito? Empieza a decir que sí a las nuevas oportunidades y experiencias y verás qué emocionantes caminos te llevan.

Capítulo 9: Rituales diarios para una vida consciente

Al principio de este libro, has aprendido sobre la conciencia, explorando diferentes perspectivas y descripciones. Aprendiste que la consciencia es percepción y que puedes ser consciente de ser una cosa u otra. También descubriste la conexión entre la conciencia y la física cuántica, encontrando los hilos que conectan estos temas. Además, aprendiste sobre la mecánica cuántica del cerebro, que explica los orígenes de la conciencia.

Descubriste el estado de superposición, que es cuando una partícula existe en todos los estados posibles a la vez, eligiendo sólo un estado en respuesta a un observador y sus expectativas a través del colapso de la función de onda. Entiendes cómo funciona el enredo, pero ¿cuáles son las implicaciones? Si observas algo y esperas que se presente de una determinada manera, lo hace, y entonces cualquier otra cosa cuánticamente enredada con ella debe reflejar esa única cosa.

Aprovechar la inteligencia infinita de la conciencia superior te llevará a vivir una vida que te dé alegría y plenitud [22]

Para dejarlo claro, todas las versiones posibles de ti y de tu vida existen al mismo tiempo. Si has sido consciente de ser un artista pobre y hambriento, has utilizado el efecto observador para provocar una función de colapso de ondas en la que sólo vives como un artista pobre y hambriento y no como cualquier otra cosa. Con el enredo siempre en acción, todo en tu vida refleja tu identidad como artista que no puede permitirse llegar a fin de mes.

La implicación es que si quieres ser un artista de éxito, tienes que "observarte" como tal. Tienes que "ser consciente" de la visión entrando en la conciencia superior, el campo de la posibilidad infinita, seleccionando este estado preferido de ser, y luego provocando el colapso de la función de onda que cambie tu mundo para reflejar tu nuevo estado de abundancia.

También has aprendido sobre la conciencia superior y, con suerte, te has dado cuenta de que no hay razón para condenarte a las luchas de vivir una vida puramente desde la perspectiva limitada de tu ego y las suposiciones de lo que es posible para ti. Estas prácticas te ayudan a ser consciente de tu yo superior, a romper paradigmas limitantes, a aprovechar la inteligencia infinita de la conciencia superior y a vivir una vida que te dé alegría y plenitud.

Para ver un cambio poderoso y permanente, necesitas un ritual diario que incorpore estos poderosos conceptos de la física cuántica y la conciencia. Este capítulo te ayudará con sugerencias de prácticas para hacer una parte no negociable de tu día. Al crear un ritual consistente para tu evolución espiritual, no hay límite en cuanto a las alturas que puedes alcanzar, y convertirás en realidad todo lo que antes considerabas "imposible".

Rituales matutinos

Empieza cada día con un ritual y observa cómo cambia tu vida con el tiempo. Es más fácil practicar tus ejercicios espirituales preferidos a primera hora de la mañana, antes de hacer cualquier otra cosa, porque la energía que des al empezar el día allanará el camino a las buenas experiencias. Como mínimo, te ayudará a manejar mejor cualquier negatividad. Supongamos que esperas a la mitad del día para practicar. En ese caso, tendrás dificultades para sacar el máximo partido a tu ritual, y eso es una doble garantía si ya has pasado por situaciones que te han puesto de mal humor.

Si empiezas el día con una práctica espiritual, te pones automáticamente en un estado de mayor conciencia y eres más consciente de tus decisiones a lo largo del día. También eres menos susceptible de dejarte llevar por las emociones negativas si alguna situación indeseable las desencadena. Ya conoces la meditación. ¿Qué más podrías hacer a primera hora de la mañana?

Establece intenciones positivas: Tu intención es cómo quieres que se desarrolle algo. Es cómo preferirías vivir tu día. Aunque dudes un poco del poder de todo esto, al menos puedes establecer una intención para algo que sabes que está bajo tu control: tu estado emocional. Si empiezas el día con la intención de encarnar una emoción o un estado de ánimo específicos, tendrás más posibilidades de sentirte como quieres.

Cuando establezcas intenciones positivas para tu estado emocional, presta atención a cómo transcurre tu día. Llevar un diario es una excelente práctica que te será de ayuda. Al final de cada día, reflexiona sobre la intención con la que empezaste y revisa cómo te manejaste. Cuanto más practiques establecer intenciones positivas, más notarás que tus sentimientos se alinean con lo que pretendías. Este resultado debería darte pruebas más que suficientes del poder de establecer intenciones positivas. A partir de este momento, puedes practicar el establecimiento de intenciones para situaciones específicas que te gustaría experimentar.

¿Cómo se establece una intención positiva? Cuando te levantes por la mañana, empieza a meditar inmediatamente. Una vez que te sientas con los pies en la tierra y tu mente esté quieta, dirige tu atención a tu intención. Si te sirve de ayuda, puedes resumirla en una sola palabra. A continuación, repite esta palabra mientras contemplas lo que significa para ti hasta que empieces a sentirla.

Observa de qué parte de tu cuerpo procede esta sensación. A continuación, muévela por todo el cuerpo, de la cabeza a los pies. Imagínatelo como una luz blanca. Una vez que la hayas movido, deja que impregne todo tu cuerpo. Puedes terminar esta sesión dando las gracias. Si sigues luchando con la idea de entidades distintas de los humanos, al menos confía en que, a través del enredo cuántico, tu día debería alinearse con tu intención.

También puedes establecer intenciones al final del día para un buen descanso nocturno, sueños, comunicación con tus guías a través de visiones o sueños, viajes astrales, etc. Puedes establecer intenciones siempre que quieras. Cuanto más practiques y veas resultados, más probable será que te acostumbres a establecer intenciones sobre la marcha en diferentes momentos del día. Podrías establecerlas para reuniones productivas, interacciones interesantes, un almuerzo agradable, etc.

Gratitud: La gratitud es el código de trucos para manifestar cualquier cosa que tu corazón desee fácil y rápidamente. Mucha gente asume que sólo debes estar agradecido después de recibir algo, pero ¿sabías que puedes hacer ingeniería inversa en el proceso? Piénsalo así. Tu deseo es una partícula. Tu agradecimiento por haber recibido el deseo es otra partícula. Ambas partículas están enredadas cuánticamente. Al elegir estar agradecido por haber recibido tu deseo, aunque todavía no tengas pruebas físicas de ello, estás provocando un colapso de la función de onda que conducirá a la manifestación del deseo.

Para las personas que luchan con todo tipo de técnicas de manifestación, la gratitud es un atajo sencillo. ¿Qué deseas? Tanto si es que tu día vaya de una manera determinada como si es algo más específico y tangible, prueba con la gratitud. Una forma sencilla de practicarlo es, en primer lugar, entrar en un estado centrado de meditación y, a continuación, decir "Gracias" mientras contemplas aquello por lo que estás agradecido.

Una de las razones por las que la gratitud es tan eficaz es porque te saltas las partes intermedias de cómo se hará realidad tu deseo y llegas al momento posterior, cuando ya lo has recibido. Así que haz de esto una práctica diaria.

Otra forma de practicar la gratitud es hacer listas de cosas por las que estás agradecido. No tiene por qué ser una lista larga. Incluso hacer una lista de tres a cinco cosas cada día que aprecias te ayudará mucho a activar la magia de la gratitud en tu vida. ¿Cómo? Experimentarás aún más cosas por las que estar agradecido. Puede que haya días en los que sientas que no se te ocurre ni una sola cosa que agradecer. No hay razón para castigarte por ello. Basta con revisar las viejas listas que has hecho y dejar que tu corazón se llene de agradecimiento por ellas.

Un error común que comete la gente es asumir que se trata de las palabras. Sin sentirte realmente agradecido, podrías decir "gracias" hasta la saciedad y no experimentar ninguno de los hermosos regalos que te da la gratitud. Entonces, ¿cómo generar ese sentimiento? Reconociendo todas las razones por las que estás agradecido y cómo, a pesar de que mucha gente no tiene esas mismas bendiciones, ¡tú puedes experimentarlas!

Prácticas de conexión mente-cuerpo

Muchas personas experimentan ansiedad, miedo y preocupación porque están en sus cabezas y no en sus cuerpos. Las prácticas de conexión mente-cuerpo están diseñadas para sacarte de ese espacio mental caótico y llevarte simplemente a estar en el aquí y ahora, de la misma manera que está tu cuerpo.

Yoga: El yoga te mostrará en tiempo real cómo están conectados tu cuerpo y tu mente. A medida que lo practiques cada día, descubrirás que no sólo estás más en forma, sino también más presente y enraizado. Recuerda que este estado de presencia es esencial para permanecer conectado con la conciencia superior, que es la razón por la que escogiste este libro en primer lugar. Visita a tus instructores de yoga locales. Prueba una clase con varios de ellos para encontrar el que mejor se adapte a ti.

El yoga te mostrará en tiempo real cómo están conectados tu mente y tu cuerpo [18]

Tai Chi: El Tai Chi es una meditación en movimiento que cura el cuerpo. Este arte marcial chino te sitúa firmemente en tu cuerpo, dándole a tu mente la oportunidad de descansar. Como resultado, la relajación que sientes en cada sesión se traslada a otros aspectos de tu vida, con una mente tranquila y clara, el tipo de mente propicia para captar los mensajes del mundo espiritual. La paz interior que ofrece la práctica constante del Tai Chi es incomparable. Cada movimiento está sincronizado con la respiración, por lo que es imposible no estar presente. Busca clases cerca de ti para encontrar una en la que te sientas cómodo.

Trabajo de respiración: La respiración es otra práctica para aliviar el estrés que te ayudará a mantener tu conexión con la conciencia superior. Es una forma de practicar la atención plena, que requiere que controles tu respiración de varias maneras. Si eres como la mayoría de la gente, probablemente respiras superficialmente. El problema de respirar así es que activas tu sistema nervioso autónomo, lo que significa que estás constantemente estresado. Mantienes tu cuerpo atrapado en el estado de lucha-huida-congelación-desmayo. Estas respuestas son estupendas cuando estás en peligro, pero cuando te quedas atrapado en este estado durante demasiado tiempo, es terrible para tu salud.

Respiración: te ayudará a activar tu sistema nervioso parasimpático, que te permite descansar y sentirte a gusto. Es más, te pone en un estado meditativo, manteniéndote en el presente, donde es más fácil liberar emociones negativas, creencias, pensamientos y comportamientos que te impiden vivir con autenticidad. Aquí tienes algunas versiones de prácticas de respiración que puedes aprovechar ahora mismo.

1. **Respiración diafragmática:** Recuéstate boca arriba, con una mano en el pecho y la otra en el estómago mientras respiras. Para inhalar, hazlo despacio y por las fosas nasales. Debes sentir que tu estómago levanta la mano. Para espirar, suelta el aire lentamente por la boca ligeramente abierta, de modo que la mano sobre el vientre vuelva a bajar. Sigue así todo el tiempo que quieras.

2. **Respiración 4-4-4-4:** Recostado boca arriba, inspira por las fosas nasales cuatro veces, aguanta la respiración cuatro veces, espira por la boca ligeramente abierta cuatro veces y aguanta la respiración cuatro veces. Repite este proceso y detente cuando estés preparado o cuando suene el temporizador.

Técnicas de visualización de la Ley de la Atracción

La visualización consiste en utilizar la imaginación para ver la versión del mundo en la que preferirías estar. Cuando visualizas algo, estás utilizando el efecto observador para seleccionar tu realidad a través del mecanismo de colapso de la función de onda. Estás canalizando tu conciencia sin forma (YO SOY) hacia la encarnación de una forma específica (eso). Esta es la interpretación esotérica de la frase bíblica: "Yo Soy el que Soy".

La visualización consiste en utilizar la imaginación para ver la versión del mundo en la que preferirías estar "

Puedes utilizar tableros de visión para visualizar. Recorta todas las imágenes y artículos que resuman la esencia de lo que quieres crear y colócalos donde puedas verlos a primera hora de la mañana y a última de la noche.

Otro método es la técnica "Estado parecido al sueño" de Neville Goddard. Es un sencillo proceso de tres pasos:

1. Debes saber lo que quieres.
2. Construye una escena que sólo pueda ocurrir después de recibir lo que quieres (no antes ni durante). Que sea una escena concisa. Si quieres un ascenso, la escena podría ser tu jefe dándote la mano y diciéndote: "Enhorabuena".
3. Recuéstate y convéncete de que tienes sueño repitiendo: "Tengo sueño". A continuación, desde este estado de somnolencia, repite una y otra vez la escena que has creado, asegurándote de prestar atención a las imágenes, sonidos y otras sensaciones de esa escena.

Otros rituales

1. Intenta hacer pausas de conciencia a mediodía. A mitad del día, puedes meditar, visualizar, establecer intenciones o hacer cualquier otra cosa que te ayude a realinearte con la conciencia superior.
2. Las reflexiones de la tarde y la noche son estupendas para desarrollar la autoconciencia. Podrías hablar con tu Yo Superior a través de la canalización, utilizando una aplicación de grabación para reproducir esas conversaciones más tarde o transcribirlas automáticamente. Con esta práctica, reflexionarás sobre los acontecimientos del día hasta el momento y te recordarás a ti mismo tu intención de permanecer consciente de tu interconexión con los demás, tus guías, tu Yo Superior y, por supuesto, la conciencia superior.
3. El trabajo con los sueños es una gran herramienta para incorporar como ritual. Empieza escribiendo lo que recuerdes de tus sueños cada noche para mejorar tu memoria. Si crees que no sueñas, al menos escribe cómo te sientes cuando te despiertas. Cuando empieces a recordar tus sueños, puedes establecer la intención de usar este estado para hacer tu trabajo de conciencia superior cada

noche antes de acostarte o cada vez que quieras echarte una siesta.

Con estos rituales diarios, experimentarás un aumento de tu conciencia y autoconciencia. Pasarás de vivir una vida llena de "accidentes" a vivir a propósito y alineado con tus ideales más elevados. La constancia es el secreto para obtener resultados con estos rituales, y cuanto más practiques, más piezas del puzzle de tu propósito final reunirás y encajarás.

Conclusión

Se te han dado todas las herramientas posibles para comenzar el proceso de vivir conscientemente. El hecho de que hayas leído hasta este punto sugiere que es probable que experimentes la expansión espiritual que deseas.

Puede que haya días en los que no te sientas de humor para practicar tus rituales. Esto es parte natural del ser humano. Recuerda, conectarte con la conciencia superior es más un flujo y reflujo. No hay razón para que te castigues por sentir que te has caído del vagón. En los días en los que te resulte difícil seguir, si puedes dedicar al menos de tres a cinco minutos a una práctica, seguirás progresando, pero eso tampoco es excusa para caer en la autocomplacencia.

Este libro es sólo una guía, no un reglamento. Por lo tanto, si te sientes guiado intuitivamente para modificar ciertas prácticas o probar algo nuevo, sigue tu corazonada. Recuerda que nadie puede guiarte mejor que tu yo superior. Confía en cada empujón intuitivo que recibas. Aprende a hacerlo sin cuestionarlo y te sorprenderá el mundo mágico que se te revela.

Hay muchos recursos disponibles para ayudarte en tu viaje. Ten la mente abierta y aprovéchate de todos los que encuentres. Tanto si lees un libro como si ves un vídeo, consulta siempre a tu instinto. ¿Cómo te hará saber tu alma qué mensajes debes conservar y cuáles descartar? Sigue lo que está diseñado para ti en lugar de hacer todo lo que te recomiendan porque esperas que algo se te pegue. Incluso en este libro, ciertos ejercicios pueden haber captado tu interés más que otros. Tu interés es una pista de tu Yo Superior, que te dice que debes explorar esto.

Estás a punto de iniciar un viaje que te reportará beneficios. Pregúntale a cualquiera que haya encontrado su conexión con la conciencia superior, y te dirá que no tiene ni idea de cómo podría haber vivido sin ella.

Si estás luchando con algo, ya sea la consistencia o el enfoque, no olvides que no estás solo. Tienes guías que te ayudarán a cumplir tu gran designio. Nunca les darás demasiados problemas. Pide y se te dará, siempre. Agradécete a ti mismo por tener el valor de comenzar esta aventura. No es nada despreciable, pero al final, te alegrarás de haber respondido a la llamada de la fuente de toda vida.

Vea más libros escritos por Mari Silva

Su regalo gratuito

¡Gracias por descargar este libro! Si desea aprender más acerca de varios temas de espiritualidad, entonces únase a la comunidad de Mari Silva y obtenga el MP3 de meditación guiada para despertar su tercer ojo. Este MP3 de meditación guiada está diseñado para abrir y fortalecer el tercer ojo para que pueda experimentar un estado superior de conciencia.

https://livetolearn.lpages.co/mari-silva-third-eye-meditation-mp3-spanish/

¡O escanee el código QR!

Referencias

Acacio, J., Montemayor, C., & Springerlink (Online Service. (2019). Quanta and Mind: Essays on the Connection between Quantum Mechanics and Consciousness. Springer International Publishing.

Bertoldi, C. (2012). Inside the Other Side: Soul Contracts, Life Lessons, and How Dead People Help Us, Between Here and Heaven. Harper Collins.

Byrne, L. (2011). Angels in My Hair: A Memoir. Three Rivers Press.

Cannon, D. (1993). Between Death & Life: Conversations with a Spirit. Ozark Mountain Publishing.

Cannon, D. (2009). Five Lives Remembered. Ozark Mountain Publishing.

Carrington, H., & Muldoon, S. J. (1981). The Phenomena of Astral Projection. Sun Publishing (NM).

Crabbé, R. (2019). The Three Shamanic Worlds. RoelCrabbe.com. https://www.roelcrabbe.com/the-three-shamanic-worlds/

Delamothe, M. (2023). Shamanic Journeying and Astral Projection: What's the Difference? SignsMystery. https://signsmystery.com/shamanic-astral-difference/

Gergar, L. (2010). What is the Higher Self? Channel Higher Self. https://channelhigherself.com/blog/what-is-the-higher-self-2/

Gizzi, C. (2016). What Is Higher Consciousness and How Can We Access It? Fearless Soul – Inspirational Music & Life-Changing Thoughts. https://iamfearlesssoul.com/what-is-higher-consciousness-and-how-can-we-access-it/

Greene, B. (2012). The Hidden Reality: Parallel Universes and the Deep Laws of the Cosmos. Penguin, Impr. , Cop.

Gribbin, J. R. (2009). In Search of the Multiverse: Parallel Worlds, Hidden

Dimensions, and the Ultimate Quest for the Frontiers of Reality. Wiley.

Ingerman, S. (2020). Shamanic Journeying: A Beginner's Guide. Sounds True.

Itzhak Bentov. (2000). A Brief Tour of Higher Consciousness: A Cosmic Book on the Mechanics of Creation. Inner Traditions.

Luna, A. (2017). Automatic Writing: How to Channel Your Soul's Wisdom. LonerWolf. https://lonerwolf.com/automatic-writing/

Luna, A. (2021). Soul Purpose: 5 Gateways to Finding Your Destiny. LonerWolf. https://lonerwolf.com/soul-purpose/

Psychic Radar. (2023). Exploring Past Life Regression: Unveiling the Secrets of Previous Lifetimes. Psychic Radar. https://psychicradar.com/articles/exploring-past-life-regression/

Roberts, J. (1994). Seth Speaks: The Eternal Validity of the Soul. Amber-Allen Publ., New World Library.

Rochelle, K. (2023). Understanding Spirit Guides. Positively Kimberly. https://www.positivelykimberly.com/understanding-spirit-guides/#How_to_Connect_with_Your_Spirit_Guides

Scalisi, A. (2022, July 15). Complete List of 22 Abraham Hicks Processes + How To Use Them. The Haven Shoppe. https://thehavenshoppe.com/22-abraham-hicks-processes/

Sharma, S. (2023). Breathwork 101: 5 Simple Breathwork Techniques for Beginners. Calm Sage – Your Guide to Mental and Emotional Well-Being. https://www.calmsage.com/breathwork-techniques/

Thomas, J. J. (2022). Higher Consciousness Demystified. Heart Speak. https://medium.com/heart-speak/higher-consciousness-demystified-80042c9fc9be#bypass

Tolle, E. (2016). A New Earth: Awakening to Your Life's Purpose. London, UK Penguin Books.

Tolle, E. (2018). The Power of Now: A Guide to Spiritual Enlightenment. Hachette Australia

Fuentes de imágenes

1 Designed by freepik. https://www.freepik.com/free-vector/gradient-surrealist-galaxy-illustration_45183512.htm
2 Designed by freepik. https://www.freepik.com/free-photo/brown-eye-bright-background_31499094.htm
3 https://www.pexels.com/photo/woman-in-pink-sports-bra-and-black-leggings-doing-yoga-on-yoga-mat-3823076/
4 Designed by freepik. https://www.freepik.com/free-photo/ultra-detailed-nebula-abstract-wallpaper-5_39994515.htm
5 Designed by freepik. Source: https://www.freepik.com/free-vector/hand-drawn-mindfulness-concept-with-characters_16692663.htm
6 Designed by freepik. Source: https://www.freepik.com/free-photo/medium-shot-human-silhouette-nature_38689099.htm
7 Designed by freepik. https://www.freepik.com/free-photo/full-shot-super-woman-with-superpowers_38170134.htm
8 Designed by freepik. https://www.freepik.com/free-photo/3d-render-brain-with-glitter-explosion-effect_987581.htm
9 Designed by freepik. https://www.freepik.com/free-photo/fantasy-astral-wallpaper-composition_39425682.htm
10 Designed by freepik. https://www.freepik.com/free-photo/glowing-satellite-orbits-planet-star-filled-galaxy-generated-by-ai_40968223.htm
11 Designed by freepik. https://www.freepik.com/free-vector/gradient-surrealist-galaxy-illustration_45199603.htm
12 Designed by freepik. https://www.freepik.com/free-vector/gradient-surrealist-galaxy-illustration_45183518.htm

13 https://www.freepik.com/free-photo/numerology-concept-composition_38110409.htm
14 Designed by freepik. https://www.pexels.com/photo/white-and-black-wolf-397857/
15 Designed by freepik. https://www.pexels.com/photo/stone-sculpture-of-an-angel-with-a-book-against-clouded-sky-8592167/
16 Designed by freepik. https://www.freepik.com/free-photo/high-angle-woman-reading-tarot-home_39886546.htm
17 https://pixabay.com/photos/time-clock-time-spiral-spiral-3103599/
18 https://pixabay.com/photos/body-ghost-soul-religion-woman-2976731/
19 https://pixabay.com/photos/bible-holy-spirit-jesus-hope-2989432/
20 https://pixabay.com/photos/sky-love-spiritual-above-top-3983433/
21 Runologe, CC BY-SA 4.0 <https://creativecommons.org/licenses/by-sa/4.0>, via Wikimedia Commons. https://commons.wikimedia.org/wiki/File:02_Runes_of_the_Younger_Futhark_painted_on_little_stones_-_Runen_des_j%C3%BCngeren_Futhark_auf_kleine_Steine_gemalt.jpg
22 https://www.pexels.com/photo/silhouette-of-person-holding-sparkler-digital-wallpaepr-266429/
23 https://www.pexels.com/photo/woman-practicing-yoga-3822906/
24 designed by freepik. https://www.freepik.com/free-photo/collage-numerology-concept_35858713.htm#

www.ingramcontent.com/pod-product-compliance
Lightning Source LLC
Chambersburg PA
CBHW072153200426
43209CB00052B/1162